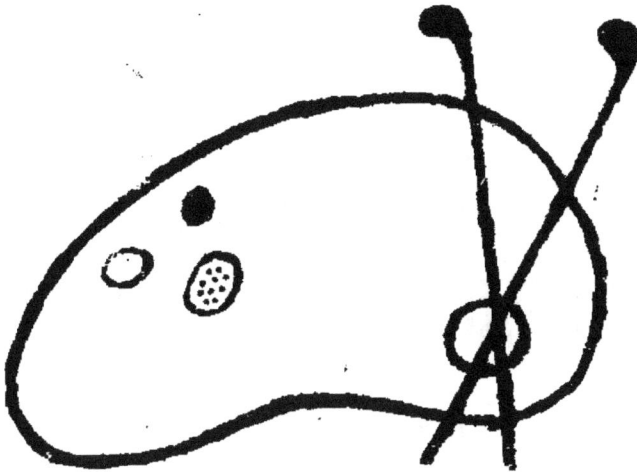

Début d'une série de documents
en couleur

SOCIÉTÉ D'ÉCONOMIE SOCIALE

Fondée par F. LE PLAY en 1856

LES

COMMUNES EN LIMOUSIN

DU DOUZIÈME AU QUINZIÈME SIÈCLE

PAR

M. LOUIS GUIBERT

(Extrait de la Réforme Sociale)

PARIS

AU SECRÉTARIAT DE LA SOCIÉTÉ D'ÉCONOMIE SOCIALE

174, BOULEVARD SAINT-GERMAIN, 174

1891

SOCIÉTÉ INTERNATIONALE D'ÉCONOMIE SOCIALE

La Société, fondée par Le Play, s'est constituée le 27 novembre 1856, pour remplir le vœu exprimé par l'Académie des sciences, en couronnant l'ouvrage intitulé les *Ouvriers européens*. Elle applique à l'étude comparée des diverses constitutions sociales la méthode d'observation, dite des monographies des familles. Elle reproduit les monographies les plus remarquables dans le recueil intitulé les *Ouvriers des deux mondes*, et publie le compte rendu *in extenso* de ses séances dans la *Réforme sociale*, bulletin de la Société d'économie sociale et des Unions.

La *Société d'Économie sociale* se compose de *Membres honoraires* versant une cotisation de 100 francs par an, au minimum, et de *Membres titulaires* payant 25 francs. L'un et l'autre de ces deux prix donnent droit à recevoir la *Réforme sociale*, qui est adressée à tous les Membres deux fois par mois, le 1er et le 16; et les *Ouvriers des deux mondes* qui paraissent par fascicules trimestriels.

LES UNIONS DE LA PAIX SOCIALE

Les *Unions* ont pour but de propager et de mettre en pratique les doctrines de l'*École de la paix sociale*. Elles sont réparties par petits groupes en France et à l'étranger. Leur action s'exerce par l'intermédiaire de CORRESPONDANTS locaux.

Les membres sont invités à transmettre au secrétariat général les faits qu'ils ont pu observer autour d'eux, ou les renseignements qui sont parvenus à leur connaissance. Ces communications sont, suivant leur importance, mentionnées ou reproduites dans la *Réforme sociale*.

Les *Unions* se composent de membres *associés* et de membres *titulaires*. Les membres *associés* versent une cotisation annuelle de 15 francs (france et étranger) qui leur donne droit à recevoir deux fois par mois la *Réforme sociale*, bulletin de la *Société* et des *Unions*. Les *membres titulaires* concourent plus intimement aux travaux qui servent de base à la doctrine des *Unions*; ils payent, outre la cotisation annuelle, un droit d'entrée de 10 francs au moment de leur admission, et reçoivent, en retour, pour une *valeur égale* d'ouvrages choisis dans la *Bibliothèque de la paix sociale* et livrés au prix de revient.

Pour être admis dans les *Unions de la paix sociale*, il faut être présenté par un membre, ou adresser directement une demande d'admission au Secrétaire général, boulevard Saint-Germain, 174, à Paris. Les noms des membres nouvellement admis sont publiés dans la *Réforme sociale*.

LA RÉFORME SOCIALE

Bulletin de la Société d'Économie Sociale
et des Unions de la Paix Sociale.

Les personnes étrangères aux deux Sociétés peuvent s'abonner aux conditions suivantes :

FRANCE : Un an 20 fr. ; Six mois 11 fr. | EUROPE : Un an 25 fr. ; Six mois 14 fr.

Hors d'Europe : le port en sus.

Les abonnements partent du 1er de chaque mois.

CHAQUE LIVRAISON   1 FRANC

Fin d'une série de documents
en couleur

LES COMMUNES EN LIMOUSIN

DU DOUZIÈME AU QUINZIÈME SIÈCLE

COMMUNICATION A LA RÉUNION ANNUELLE DANS SA SÉANCE DU 29 MAI

Les études d'économie sociale n'ont pas de plus précieux auxiliaire que les études historiques. L'histoire en effet fournit à la sociologie des points de départ et de comparaison dont celle-ci ne pourrait se passer : elle lui suggère des aperçus féconds, contrôle les données du présent, les asseoit sur une base plus solide, en élargit le sens et la portée. Que vaudrait la constatation des faits actuels si les témoignages des annalistes, des chroniqueurs, le texte des documents ne venaient corroborer les résultats de cette étude ? La science sociale ne réduirait-elle pas singulièrement son horizon et son utilité en se bornant à des observations sans rapport avec la vie des autres temps, en renonçant à interroger tour à tour le présent et le passé, qui se lient, se déduisent l'un de l'autre, se ressemblent parfois, parfois diffèrent, toujours se complètent et s'expliquent ? Tout s'enchaîne en effet dans l'ordre des phénomènes moraux et sociaux comme dans celui des phénomènes physiques. On ne saurait isoler un événement ou une époque des faits et des temps qui les ont précédés et qui ont exercé sur eux une influence souvent décisive. Méconnaître cette loi, c'est s'enfermer volontairement dans le préjugé et dans l'erreur.

Vous n'êtes pas, Messieurs, de ceux qui s'imaginent que la liberté est née d'hier au monde. Vous savez que l'émancipation des esprits comme l'affranchissement des individus, date de loin : Plus de quatre siècles et demi avant la Déclaration des Droits de l'Homme, un roi de France proclamait, dans un acte demeuré un des monuments les plus célèbres de notre législation, que « tout homme naît libre par droit de nature ». L'ordonnance du 3 juillet 1315 ne faisait que traduire l'enseignement de l'Église, qu'affirmer la conviction de l'esprit humain éclairé par sa lumière. Le christianisme a été au moyen âge l'apôtre de la liberté et de la fraternité. Les théologiens et les orateurs se rencontraient sur ce terrain ; le clergé prêchait d'exemple en distribuant ses plus hautes dignités à l'élection, et en faisant asseoir sur le trône le plus respecté du monde, pour ainsi dire entre la terre et le ciel, les fils des paysans comme les reje-

1

tons des races princières. L'Église donnait ainsi aux sociétés civiles la plus éloquente leçon d'égalité. Elle leur apprenait en même temps que le Christ, son fondateur et son maître, a établi dans la charité le seul fondement de la fraternité humaine et la seule garantie solide de la paix ; qu'il a proposé au monde une nouvelle conception des rapports sociaux, conception absolument différente de celle qu'en avaient eue les anciens : idéal que l'Église n'a jamais perdu de vue et vers lequel elle s'est toujours efforcée de guider les peuples.

La démocratie elle-même, vous le savez aussi, n'est pas, dans notre histoire nationale, un élément aussi nouveau que beaucoup de gens sont portés à le croire, et si durant la dernière période de ce qu'on a appelé l'*Ancien Régime*, elle disparaît, comme à d'autres époques, sous l'action absorbante et les empiétements successifs de la monarchie centralisatrice, un regard jeté plus loin dans le passé nous la montre vivante, robuste, pleine d'ardeur et de sève, rêvant déjà la conquête de la société.

Mais l'esprit démocratique, dont on rencontre, au moyen âge, l'expression un peu partout, n'a exercé d'influence décisive et directe sur les événements de l'histoire générale que par intermittence et à certains moments de crise : il s'est surtout, en temps ordinaire, manifesté dans la vie locale, où il pouvait obtenir une satisfaction raisonnable et aboutir à d'utiles résultats. L'association fut au moyen âge, comme elle l'avait été dans l'antiquité, l'instrument le plus puissant de l'action démocratique : de bonne heure celle-ci s'est fait sentir dans la confrérie religieuse et dans l'organisation primitive du corps de métier. La commune lui a fourni le sol le plus favorable à son développement. Germe de conflits et de déchirements dans la conduite générale des affaires politiques, la démocratie a été là, presque toujours, une semence de concorde et une garantie de paix. On l'a vue s'y enraciner, grandir, inspirer et féconder des institutions dont les bienfaits sociaux ne sauraient être mis en doute, et dont la large autonomie étonne notre ignorance et déconcerte nos préjugés.

C'est du caractère de ces institutions, des traits principaux de l'organisation communale dans le passé, que j'ai, Messieurs, à vous entretenir. Je ne saurais me permettre de vous présenter sur un tel sujet des théories qu'un savant et un penseur a seul le droit d'énoncer. Ma communication d'aujourd'hui ne peut vous offrir quelque intérêt que par l'exactitude des renseignements et la précision des détails. Je me ferai donc un devoir de ne pas étendre mes tableaux au delà de la portée de ma vûe. Mes recherches et mes constatations personnelles n'ont guère dépassé les limites de l'ancien diocèse de Limoges : je me garderai d'embrasser un plus large horizon, et c'est dans ce cadre modeste que nous allons étudier ensemble l'état de la commune de la fin du XII° siècle au milieu du XV°, sa constitution sociale et politique, l'esprit qui l'anime, la nature de son gouvernement, ses tendances, les besoins auxquels elle pourvoit, les avantages qu'elle assure à ses membres, en un mot sa physionomie, sa pensée et sa vie.

I

Il convient, au début de toute étude de ce genre, de formuler une réserve expresse. Les indications et les faits que fournit l'histoire des communes ne doivent pas devenir le point de départ d'imprudentes généralisations, et on tomberait le plus souvent dans une grave erreur en étendant au pays tout entier les conséquences qu'on peut d'ordinaire tirer logiquement des faits observés. La France d'autrefois ne ressemblait guère au symétrique et monotone échiquier d'à présent. Il faut, quand on l'envisage, savoir se soustraire à la fureur de régularité politique qui obsède l'esprit de nos contemporains, et réagir contre nos idées de centralisation à outrance, d'étroite discipline administrative et de réduction à un type consacré des intérêts les plus disproportionnés et des fonctions les plus dissemblables.

Les institutions municipales au moyen âge ne furent pas de droit commun. Elles sont demeurées une exception jusqu'à l'ébauche d'organisation générale tentée sous les trois derniers règnes qui précédèrent la Révolution, et il faut considérer comme des sociétés privilégiées, au sein de la grande société française, les groupes qui en ont joui. Ceux-ci ajoutaient en effet des garanties spéciales, d'une réelle efficacité, aux garanties résultant des mœurs, des usages, des lois, de la religion ; grâce à leurs constitutions particulières, à leurs coutumes consacrées, ils échappaient aux conditions ordinaires de la vie de leur temps.

Ce n'est pas que, depuis une date assez reculée, on n'observe sur tous les points du pays les indices d'une certaine organisation.

partout à peu près analogue, se révélant par des manifestations intéressantes à plus d'un point de vue. Je veux parler de l'organisation civile et politique de la paroisse. Elle existe partout et on ne saurait mettre en doute son ancienneté. Dans les provinces du Midi comme dans celles du Nord, l'usage consacre la tenue des assemblées d'habitants, convoquées au son de la cloche et réunies au-devant de l'église pour traiter des affaires locales. La coutume de la Marche, recueillie et rédigée par des jurisconsultes, puis promulguée en 1521, reconnaît aux habitants des paroisses de certaines seigneuries, tout au moins, le droit de « faire congrégation pour les affaires communes ou autres », bien qu'ils n'aient ni « corps commun » ni « consulat ». L'exercice de ce droit est subordonné, il est vrai, à une demande d'autorisation adressée au seigneur justicier ou à ses officiers ; mais ce n'est là qu'une simple formalité puisque les habitants, s'ils « ont déclaré à la justice la cause de leur assemblée », et si cette cause est « honnête et licite », peuvent « s'assembler et parler de leurs affaires dont ils ont fait déclaration, nonobstant que la licence leur soit refusée ».

Toutefois ces assemblées paroissiales paraissent, dans notre région tout au moins, avoir maintenu leurs délibérations dans une sphère très restreinte : celles-ci, autant que nous puissions en juger, ont à peu près exclusivement pour objet le côté matériel du service religieux, les travaux d'entretien, de réparation de l'église et du cimetière. Ce sont là les « affaires » auxquelles se borne presque toujours la sollicitude de l'assemblée de communauté ; elle s'occupe aussi, tout au moins à partir du xve siècle, d'assurer le recouvrement régulier de la taille en désignant les collecteurs. On la voit même, de temps en temps, émettre certains vœux, prendre certaines résolutions, soit en vue de l'amélioration des chemins, soit en vue de quelque modification de l'assiette de l'impôt ou du rachat de tel ou tel droit (1). Les attributions des assemblées de la nature de celles dont nous nous occupons ici ne sont pas exactement définies et on

(1) Elle délibère même sur certaines matières d'administration générale, en ce qu'elles ont de relatif à l'intérêt local ; mais elle n'aborde de tels objets que sur l'invitation du pouvoir. Notre excellent confrère, M. Pérathon, d'Aubusson, nous signalait tout récemment une délibération des habitants de cette ville, datée du 5 février 1631, paraissant bien avoir le caractère d'une simple délibération d'assemblée paroissiale, et relative « à la création de nouvelles élections dans le royaume » et en particulier « à la division de l'élection de la Marche en deux ». Il y aurait toutefois quelque chose à dire sur ce document : Aubusson possédant à cette époque, non de simples syndics, mais une administration consulaire.

ne saurait dire au juste quels « motifs licites » autorisent leur con-
vocation. Quoi qu'il en soit, le droit des habitants des paroisses de se
réunir et de pourvoir comme bon leur semble à certaines nécessités
communes, à certains intérêts collectifs, existe de temps immémorial. Mais la condition de la simple paroisse diffère essentiellement de celle de la commune en ce que la première n'a pas de
magistrature permanente, que la vie civile et politique dont elle
jouit n'est pour ainsi dire qu'intermittente et que son action ne
diminue en aucune manière les prérogatives du seigneur. La commune, au contraire, reçoit du seigneur une partie des droits féodaux et en investit ses chefs, qui les exercent au nom de leurs
concitoyens, sans interruption.

Aussi bien la paroisse ne formait pas un tout homogène sous le
rapport économique et féodal ; dans nos contrées surtout, où les
territoires étaient très morcelés au point de vue de la mouvance, ses
habitants ne relevaient pas tous du même seigneur, n'étaient pas
assujettis aux mêmes coutumes, ne payaient pas les mêmes redevances, ne faisaient pas usage des mêmes mesures : en dehors de
la voirie, dont chaque seigneur avait la charge sur sa terre et qui
devint assez tard un service public, quels étaient leurs intérêts
communs ? Pendant longtemps, tout au moins jusqu'à l'organisa-
tion fiscale des XIVe et XVe siècles, on n'en aperçoit guère (1) : le
lien religieux seul les rattache l'un à l'autre, et la vue de leur clo-
cher n'éveille en eux d'autre idée que celle de leurs devoirs envers
Dieu et des obligations résultant pour eux des besoins du culte.
Les intérêts terrestres n'orientent pas leur pensée dans la direction du bourg : c'est d'un autre côté qu'elle est appelée ; c'est vers
le château que la ramènent sans cesse les dures nécessités de la vie,
et le château se trouve assez ordinairement loin du bourg, souvent
même hors de la paroisse. L'unité de celle-ci au moyen âge n'existe
qu'au point de vue religieux et ecclésiastique. Hors de là, le lien se
relâche : chacun subit l'attraction féodale et redevient membre
d'une autre société.

Ce n'est pas à dire que les franchises et même l'organisation du
groupe sous l'autorité de magistrats élus par ses membres fussent

---

(1) Nous ne pouvons considérer comme des magistrats les fabriciens dont le
rôle se restreignait à pourvoir aux besoins matériels du culte. Quant aux syndics
paroissiaux, on ne constate guère avec certitude, du moins dans nos pays, avant
le XVIe siècle, il faudrait peut-être dire le XVIIe, la continuité de leur existence
et la permanence de leur mandat.

le privilège des citadins. Ceux-ci, il est vrai, possédaient en général
des libertés plus larges et une administration plus compliquée; mais
il existait des communes rurales. On en trouve dans de petits bourgs
ouverts, dans de modestes villages. Rares en Limousin, où nous n'en
connaissons d'une façon bien certaine qu'une seule, celle de Mas-
léon, bastide royale, création administrative, groupe constitué tout
artificiellement en 1289 et dont les consuls remplissaient les fonctions d'officiers d'un petit bailliage royal, — ces communes semblent avoir été plus nombreuses dans la haute Marche, où, dès 1265,
La Borne possède ses franchises et ses consuls, et où cinq ans plus
tard, Clairavaux et quelques mas des environs qui y sont ratta-
chés, obtiennent d'Imbert de Beaujeu et de Ramnoux du Pont un
ensemble intéressant d'institutions. La charte qui les formule a,
comme beaucoup d'autres documents du même genre, le caractère
d'un contrat bilatéral. Il y est dit que les seigneurs ne pourront
toucher à aucune de ses clauses sans l'aveu des habitants, et que
ceux-ci devront, de leur côté, s'ils veulent y apporter quelques
changements, requérir Imbert et Ramnoux ou leurs successeurs de
se joindre à eux ; mais que, cette démarche accomplie, si les seigneurs négligent ou refusent d'y faire droit, la population pourra
prendre seule les mesures réclamées par son intérêt. Il convient
de rapprocher cette disposition de l'article de la coutume de la
Marche relatif aux assemblées paroissiales que je rappelais tout à
l'heure. Les mêmes usages les ont inspirés tous les deux.

Les constitutions des bailies ou baillies du Masvoudier, dont le
village de ce nom, paroisse de Vallières, est le chef-lieu, et qui
s'étendent sur le territoire des paroisses de Vallières, de Banise et de
Saint-Michel de Vaisse, remontent, dit-on, à 1362, tout au moins à
la première moitié du xve siècle. Sous le règne de Louis XIV, nous
voyons leurs habitants ayant pour organes de leurs réclamations
quatre consuls : deux maçons et deux laboureurs, demeurant,
détail à noter, dans quatre villages différents de la franchise.

Plusieurs de ces groupes ne jouissent pas, assurément, d'une
constitution municipale proprement dite ; néanmoins leur état est
différent de celui d'une simple franchise, et l'action de leurs magistrats s'exerce parfois sur des matières non moins importantes que
variées. Aussi ne saurait-on négliger ces petites sociétés, dont la
vie a laissé peu de traces, mais dont il faut tout au moins constater
l'existence à côté de celle des grandes communes autonomes.

II

S'ils diffèrent du milieu social d'où ils ont surgi, les groupes communaux eux-mêmes sont très dissemblables. L'étude de ces petites sociétés nous les montre chacune avec sa constitution particulière, avec ses caractères propres, ayant subi l'influence du temps où elle a été établie, des événements qui ont présidé à sa naissance, des épreuves qu'elle a traversées. Elle a, elle-même, une action souvent décisive sur ses destinées, et nous pouvons constater combien le nombre de ses membres, leur énergie, leur sagesse, leur persévérance, leurs qualités morales, ont contribué à l'affermissement de son indépendance et au progrès de ses libertés. Sans sortir du Limousin et de la Marche, que de types divers de communes ne pourrions-nous pas énumérer ! Ici, comme dans le Château de Limoges durant certaines périodes au cours du XIIIe siècle et presque sans interruption pendant les cent quatre-vingts années qui séparent la remise solennelle de la ville aux magistrats municipaux par le sénéchal d'Angleterre (5 décembre 1363), de l'arrêt du Parlement de Paris dépouillant le consulat de la justice (5 septembre 1544), l'autonomie municipale est complète, et le caractère républicain des institutions dont jouissent les bourgeois est à peine atténué par la reconnaissance de la suzeraineté du roi d'Angleterre ou du roi de France et l'obligation du service militaire dû au souverain. Là, comme à Saint-Léonard et dans la Cité de Limoges, certains droits de justice sont demeurés au seigneur et on voit ses officiers les exercer à côté des magistrats municipaux, parfois conjointement avec eux. Ailleurs, à Rochechouart par exemple, l'indépendance administrative du groupe communal est à peu près complète ; mais il ne possède pas les droits de justice qui seuls constituent une garantie efficace de ses libertés. En maint endroit enfin, la commune n'est pas une société ayant une organisation complète ; ce n'est qu'une simple franchise possédant des chefs électifs, et elle peut tout au plus représenter un syndicat permanent formé en vue de soustraire dans quelques cas déterminés ses membres à l'arbitraire du seigneur. Plusieurs des petites communes marchoises fondées aux XIIIe et XIVe siècles n'ont pas élevé plus haut leur ambition.

Mais à quelque type qu'elle se rapporte, qu'elle jouisse d'un régime perfectionné et d'une autonomie presque absolue ou que ses libertés comme son organisation soient demeurées à l'état rudimentaire, la commune limousine, commune jurée ou simple franchise organisée, présente partout un certain nombre de traits essentiels, constituant par leur ensemble un être social bien caractérisé et bien distinct au sein de la population qui l'entoure. Ces traits nous paraissent pouvoir se réduire à trois principaux, en ce qui concerne les communes de notre pays.

Et d'abord, le lieu où est établie la commune possède la franchise et la communique, moyennant l'accomplissement de certaines formalités, le payement de certains droits, à ceux qui y construisent une maison ou qui y résident pendant un laps de temps déterminé, d'ordinaire un an et un jour.

Il faut s'entendre sur la portée de ce mot de « franchise ». Le territoire communal est une terre affranchie et non franche d'origine : il n'y a pas de serfs dans ses limites, et il ne peut y en avoir. Ici un seul lien attache l'homme au sol : la liberté que celui-ci confère à ses habitants et qu'il leur garantit. Cette liberté, celui qui l'a acquise peut en profiter, s'il lui convient, même pour quitter la franchise, et, dans ce cas, aucun obstacle ne doit être mis à ce qu'il emporte avec lui ses biens. Aussi voyons-nous, en 1276, les bourgeois de Limoges, vaincus dans leur lutte contre la vicomtesse Marguerite, abandonnés par le roi d'Angleterre dont ils ont en vain sollicité l'appui, réduits à la merci d'arbitres plus que suspects, en appeler au roi de France d'une clause de la sentence arbitrale restreignant la libre disposition de leurs biens et leur ôtant la faculté de les transporter hors de la ville et du territoire de la vicomté, où bon leur semble : « Ceux qui ont rendu cette sentence, s'écrient-ils, ont excédé leur mandat et violé nos droits. Les conditions qui nous sont faites nous réduiraient à l'état de serfs, et il n'y a pas de serfs dans le Château de Limoges. »

Non seulement les membres de la commune sont de condition libre; mais eux et leurs biens se trouvent soustraits dans une mesure plus ou moins large aux devoirs féodaux. Parfois même ils ont réussi à s'en affranchir complètement. Dans la plupart des villes et bourgs, néanmoins, le seigneur conserve certaines prérogatives, perçoit certaines redevances; mais les premières sont exactement spécifiées et limitées; les secondes tarifées à une somme invariable. On peut même citer des cas où la fixation de la taille est abandonnée au bon plaisir de la commune. A Ussel, par exemple, les habitants ne doivent rien au vicomte de Ventadour quand celui-ci arme son fils chevalier. Lorsqu'il a sa rançon à acquitter, qu'il part pour un voyage outre mer ou qu'il marie sa fille, l'usage s'est mainten . de lui payer une taille ; mais c'est de leur volonté que les bourgeois la payent et eux-mêmes en déterminent le montant. Ils offrent au seigneur ce qu'ils jugent à propos de lui donner, « pour l'amour de Dieu », selon l'expression significative de leur vieux registre municipal.

Ce qui caractérise, en troisième lieu, le groupe communal, c'est une organisation plus ou moins compliquée, mais créant à ses membres, je l'ai dit plus haut, avec une condition spéciale, une activité propre qui s'exerce sous une autorité émanant de ce groupe lui-même. Au fonctionnement de cette organisation, partout président, en effet, des magistrats choisis par leurs administrés et parmi ces derniers : c'est l'existence de cette magistrature qui distingue surtout la commune rurale de la simple franchise.

III

Malgré ces traits communs, la diversité entre ces groupes n'en est pas moins très grande : elle atteste la diversité de leur origine. La création des communes, en Limousin comme dans les autres provinces, n'a été ni l'œuvre d'une seule époque, ni le résultat d'un mouvement unique. Les chartes d'octroi et de confirmation obtenues dans des circonstances et à des conditions n'offrant aucune analogie entre elles, s'échelonnent du XIIᵉ au XVIᵉ siècle : les unes concédant tout un ensemble de libertés et d'institutions, les autres abandonnant seulement quelques prérogatives féodales et réglant le montant et le mode de perception de quelques redevances. L'origine et les débuts des plus anciennes de nos communes nous sont fort peu connues. Une seule, celle de la Cité de Limoges, pouvait émettre la prétention de se rattacher au municipe gallo-romain ; mais les documents sont rares sur l'histoire de la vieille ville épiscopale, qui, du reste, a vu de bonne heure l'activité commerciale, la richesse, l'influence et la liberté se retirer d'elle et passer à sa rivale, la ville du Château. Celle-ci est, dès la première moitié du XIIᵉ siècle, constituée en commune, possède des consuls et exerce au moins la justice civile. Avant que la main débile de Jean-sans-Terre se soit laissé arracher le Limousin par Philippe-Auguste, un certain nombre de villes ou bourgs du diocèse de Limoges : Brive, Saint-Léonard, Saint-Junien, Beaulieu, Ussel, Peyrat-le-Château, ont une organisation et des magistrats. Lentement, par la force des choses, par les mêmes causes qui amenaient les habitants d'une paroisse à s'assembler pour traiter de leurs affaires, la population d'une ville s'est réunie pour s'occuper des siennes. La féodalité pouvait avoir la prétention de tout dominer, mais non celle de tout administrer, de tout voir et de tout faire. Le seigneur n'étant pas en mesure, au moins dans les villes de quelque importance, de pourvoir directement ou par ses officiers à tous les besoins collectifs de la population, à tous les services sociaux, certains de ces services, les plus modestes ou les plus pénibles, ont été de bonne heure abandonnés aux habitants eux-mêmes, sous la surveillance des agents du seigneur. Peu à peu cette organisation rudimentaire s'est développée, en se liant de plus en plus aux conditions de la vie, aux habitudes et aux mœurs.

Il est certain que, dans notre contrée, la première période de l'histoire communale échappe à nos investigations. Fait très remarquable : pour aucune de nos principales villes on ne connaît de charte d'octroi. Non seulement dans la Cité, dans le Château de Limoges, à Brive, à Saint-Junien, il n'existe pas le document de ce genre, mais il n'en est jamais fait mention ; jamais ni le seigneur à l'appui du droit primitif dont il s'est dessaisi en partie, ni les bourgeois pour donner un fondement précis, indiscutable, à leurs libertés contestées, n'allèguent de charte remontant à l'origine de l'organisation municipale. Jamais les magistrats de ces villes n'invoquent une concession primitive, même émanant d'un souverain. C'est toujours de la coutume qu'ils affirment tenir la jouissance des droits dont ils sont en possession. Parmi nos bourgeoisies ayant eu une autonomie assez complète, une seule, Saint-Léonard, déclare qu'elle doit son origine à un don des rois d'Angleterre ducs d'Aquitaine, et des témoins affirment avoir vu la charte d'octroi, émanant, suivant les uns, d'Henri Plantagenet, suivant les autres de son fils Richard. Partout ailleurs la commune ne s'appuie que sur la possession immémoriale. Le fait est qu'on constate dans ces villes l'existence de coutumes ayant le caractère d'institutions politiques, la jouissance par les habitants de certaines libertés bien avant la date des premières confirmations royales, dont nous ne possédons ni texte ni mention absolument certaine avant 1224.

Il y a là, on doit le reconnaître, un argument des plus sérieux en faveur de l'ancienneté de ces communes, et on peut y voir la preuve que leur établissement a été non le résultat d'une crise de plus ou moins courte durée, d'un événement plus ou moins considérable, mais le fruit d'une lente évolution du temps et des mœurs. Et les choses ont dû se passer ainsi presque partout.

Ce qui le confirme, c'est que, dans plus d'une charte seigneuriale concédée au XIIIe siècle, il est parlé des coutumes et franchises dont les bourgeois jouissaient antérieurement à cette concession. Ainsi, la charte accordée en 1269 par Itier de Magnac aux habitants de cette ville, fait mention des usages, coutumes et libertés dont la population jouit depuis un temps immémorial, et dont une enquête a établi l'existence. Le seigneur ne fait que reconnaître et consacrer la possession, le fait accompli.

Mais y a-t-il lieu d'évoquer, à propos des plus anciennes de nos communes, le souvenir du franc alleu, de supposer qu'elles se sont constituées en dehors de l'organisation féodale, et de considérer certaines bourgeoisies comme ayant, pour ainsi dire, tiré d'elles-mêmes, du sol franc sur lequel elles étaient fixées, leurs droits et leurs libertés ? Je crois que c'est aller un peu loin, et je laisse à d'autres, plus compétents que moi, l'étude de ce difficile problème.

La commune s'appuie surtout sur la famille, qui constitue essentiellement la molécule communale, et dont le chef, seul, exerce dans leur plénitude les droits du bourgeois, assiste aux assemblées de ville, prend part aux conseils, nomme les magistrats, remplit les fonctions publiques. Ces prérogatives ajoutent à l'autorité paternelle; mais elles impriment un caractère nouveau à la physionomie du père, en atténuant dans une large mesure l'égoïsme familial. Les sollicitudes de la maison commune s'ajoutent à celles du foyer et en deviennent inséparables : La tradition de la solidarité des intérêts de la ville et de ceux de la famille s'établit, s'enracine, se transmet de génération en génération. Ainsi se forme l'esprit municipal ; ainsi se constitue ce type énergique et avisé du bourgeois du moyen âge, du « prud'homme », que nous montrent dans tout son relief les récits des chroniques, les actes de nos cartulaires municipaux, les livres de raison.

Cette solidarité entre la famille et la commune a fait la force des institutions municipales au moyen âge. Celles-ci, sous cette protection, ont maintenu leur existence et gardé leurs traits essentiels ; elles ont pu traverser bien des vicissitudes, se relever parfois de terribles défaites, se ressaisir au lendemain de singulières défaillances : on les a vues même se rétablir, comme à Limoges, après d'assez longues interruptions. La tradition les avait, en quelque sorte, conservées intactes au foyer domestique. Elles trouvèrent là, à leur déclin, les convictions, l'amour, le dévouement qui devaient les soutenir et l'appui dont elles avaient besoin pour résister pendant plusieurs siècles à l'assaut persévérant du pouvoir central et des légistes. Le rôle de la famille considérée comme l'organe conservateur de certaines traditions sociales et même politiques n'a pas échappé à l'esprit pénétrant de Le Play. Il constate, dans l'Introduction des *Ouvriers européens*, qu'elle ne perpétue pas seulement *les idées et les mœurs, mais aussi les institutions,* « celles surtout qui sont les appuis naturels de la paix ». La famille est elle-même la véritable école de la paix sociale : cela est si vrai que quiconque se soustrait à sa discipline devient un élément de perturbation au sein de la société et crée aussitôt un danger pour celle-ci. Quant à la commune, nous allons voir que la paix a été avec la sécurité le but essentiel qu'elle s'est proposé à l'origine et qu'elle a longtemps poursuivi.

IV

La commune, en effet, dans l'état le plus ancien que nous révèlent les chroniques et les chartes, ne nous apparaît point comme une ligue organisée en vue de résister au pouvoir féodal en lui-même et se proposant pour but l'affranchissement de ses membres, mais comme une association de défense mutuelle et d'assistance. Elle a été souvent amenée, par la suite, à entrer en lutte avec le seigneur local pour se préserver de ses violences, venger une injure, obtenir le maintien ou l'élargissement de ses coutumes ; mais ce n'est point pour se soustraire à l'exercice légitime des droits de ce seigneur que nos premières communes, le Château de Limoges, par exemple, Brive et Beaulieu semblent s'être organisées. C'est pour protéger leur sécurité, pour garantir à leurs familles le fruit de leur travail, pour se défendre des vexations des barons du voisinage, des incursions et des violences des bandes de pillards, pour ne pas subir le contre-coup des guerres privées, que les habitants de ces villes se sont unis. Tout donne à penser que, le plus souvent, cette union s'est opérée de l'aveu et même à l'instigation et sous le patronage du seigneur. Le château ou le monastère et le bourg qui s'était formé à ses pieds avaient, en effet, un même intérêt supérieur : la défense commune ; le soin d'y pourvoir devait passer avant toute autre préoccupation, et barons et abbés d'une part, vassaux de l'autre, ne purent songer à modifier le caractère de leurs relations réciproques qu'après l'avènement d'un état de sécurité publique assez complet pour rendre moins évidente la solidarité que la nature des choses et les circonstances avaient créée entre eux. Alors seulement la discipline se relâcha, les divisions se produisirent, et en beaucoup d'endroits éclata la lutte. Mais l'organisation même des groupes communaux n'implique pas cette lutte et semble à peu près partout avoir précédé celle-ci, peut-être de longtemps. Les aspirations vers une autonomie plus ou moins complète ne durent s'éveiller dans l'âme des bourgeois que lorsque la confiance y fut entrée, avec le sentiment de leur force. Plus la population devenait dense et riche, plus elle était portée à revendiquer une large initiative.

Elle devint exigeante. Tantôt une entente s'établit, après quelques tiraillements, entre elle et le seigneur, et un traité intervint pour déterminer le caractère et fixer les limites des concessions de ce dernier. Tantôt il y eut lutte ; celle-ci fut provoquée ici par une révolte ouverte des bourgeois, là par un retour offensif de la féodalité. La seconde moitié du XIIIe siècle, qui vit l'établissement pacifique de beaucoup de petites communes dans notre région, fut, pour les bourgeoisies déjà en possession d'un assez large ensemble de libertés grâce à la protection des rois d'Angleterre, une période de procès et de combats. Plusieurs succombèrent dans cette lutte.

Mais il ne faut pas le perdre de vue : à l'origine, c'est l'établissement et le maintien de la tranquillité, de la sécurité publique qu'a surtout en vue la commune, et le mouvement communal se rattache par là à l'énergique campagne menée par l'Église en vue de réprimer les excès de la féodalité et de faire régner partout la paix.

La violation de la paix était en effet un des crimes les plus graves que pût commettre un membre de la société communale. La charte de La Borne dispose que les biens de ceux qui tireront l'épée pour vider leurs différends perdront la garantie de la franchise et retourneront au seigneur. On peut relever dans plusieurs autres chartes des clauses peu différentes : elles corroborent les peines portées par l'Eglise contre les ennemis de la paix.

Dans la région du centre, le clergé avait de bonne heure entamé la campagne contre les perturbateurs de la tranquillité publique.

Au Concile provincial de Charroux, tenu vers 988, six prélats : l'archevêque de Bordeaux, les évêques de Poitiers, de Limoges, de Saintes, d'Angoulême et de Périgueux, avaient lancé l'anathème contre ceux qui ravissaient au pauvre son âne ou sa chèvre, au cultivateur ses vaches et ses moutons. Une douzaine d'années plus tard, cinq évêques et douze abbés, réunis à Poitiers, essayaient de remédier aux maux causés par les guerres privées des dernières années et sommaient les barons de vider leurs querelles pacifiquement, leur enjoignant de se donner les uns aux autres des ôtages et menaçant ceux qui enfreindraient les décrets de l'Église de tourner contre eux les forces de tous les adhérents ecclésiastiques et laïques de la paix. On constate la présence à cette assemblée d'Hilduin, qui occupait alors le siège de Limoges. Dans cette dernière ville, un nouveau concile prononce, en 1031, par la voix de dix évêques et d'un certain nombre d'abbés, l'excommunication contre les chevaliers du diocèse qui refusent de se soumettre aux injonctions de l'Église, notamment aux décrets du concile de Poitiers, et de s'engager vis-à-vis des pasteurs spirituels à observer « la paix et la justice ». La sépulture ecclésiastique est refusée à ceux qui trouvent la mort en commettant des actes de violence et de pillage.

Cette haute fonction sociale, de défenseurs des opprimés et de gardiens de la paix publique, les évêques de Limoges l'ont exercée pendant une grande partie du moyen âge. Jusqu'au commencement du XIIIᵉ siècle, le pouvoir central ne fait sentir son action dans la contrée que d'une façon très intermittente. L'état de division et d'enchevêtrement des territoires féodaux s'oppose à ce qu'aucun seigneur, le vicomte de Limoges ou le vicomte de Turenne eux-mêmes, exerce une influence prédominante. L'évêque seul peut réunir les forces du pays pour une entreprise d'utilité générale, car à l'influence que lui donne la possession des vastes domaines de l'église de Limoges, il joint une haute autorité morale. Son rôle est bien caractérisé au cours des querelles qui éclatent entre Henri II Plantagenet, époux de l'héritière d'Aquitaine, et ses fils. A la faveur de ces discordes, les guerres privées recommencent et des bandes de pillards parcourent la province, dévastant tout sur leur passage. L'évêque remplit la mission dont le sénéchal et les États provinciaux s'acquitteront plus tard. Il maintient la paix de Dieu en attendant que les progrès de la royauté permettent à celle-ci de faire respecter la paix du prince. Gérald du Cher fait prêcher par l'abbé de Saint-Martial une croisade contre ces brigands et on voit le prélat aveugle chevaucher au milieu des troupes qui atteignent en 1177 les pillards à Malemort et les taillent en pièces. Son successeur, Sébrand Chabot, défait en 1184 de nouvelles bandes dans la Marche et en poursuit les débris jusqu'à l'Auvergne. Jean de Veyrac à son tour chassera en 1202 ou 1203 les routiers de Noblat, et plus tard Aymeric de la Serre appellera aux armes les habitants des environs de la ville épiscopale pour enlever à la vicomtesse de Limoges la forteresse de Châlucet, dont la garnison jette partout l'effroi.

Vers 1180 s'était organisée sous le patronage de l'Église une grande ligue pour la défense de la paix. Un simple charpentier du Puy en avait été le promoteur. Cette association adopta la forme d'une confrérie religieuse, placée sous l'invocation de Notre-Dame du Puy, dont le culte était fort populaire. Les adhérents prirent ou reçurent du peuple le nom significatif de *Pacifères*. Tout le monde était admis dans leurs rangs : nobles, ecclésiastiques, bourgeois, paysans; on recevait même les femmes veuves ou non mariées. Le récipiendaire prêtait, après s'être confessé, le serment de garder et de défendre la paix. Il s'engageait à verser chaque année, à la Pentecôte, une cotisation de six deniers et à marcher au premier appel avec les autres confrères, s'il était en état de porter les armes, sinon à coopérer par ses prières au succès de l'œuvre commune. Plusieurs fois les chroniques font mention de la part que prirent les Confrères de la Paix aux combats livrés contre les bandes de pillards. On voit notamment celles-ci arrêtées vers 1184 sur la limite du Berri par des chevaliers appartenant à la Ligue du Puy et rejetés sur le château de Dun, où les Limousins les attaquent, soutenus par les Pacifères, et leur font subir une sanglante défaite.

Tout dénote que les villes s'associèrent comme les particuliers au mouvement suscité par l'Église, et nous pouvons constater un peu plus tard qu'elles furent, pour les sénéchaux de saint Louis, un précieux auxiliaire dans l'œuvre de police à laquelle ceux-ci présidèrent après les évêques. Les représentants du souverain (1) ne

(1) Détail à noter : cette belle charge de mainteneurs de la paix publique, dans

s'appuyèrent pas moins, pour remplir leur mission, sur les bourgeois que sur les seigneurs féodaux. Avec l'aide des milices des
communes, directement requises par eux, ils réduisirent les barons
batailleurs, les perturbateurs de la paix publique. C'est ainsi qu'à
deux reprises entre 1240 et 1267 le château de Châlus fut assiégé
par les milices communales de la région sous les ordres du sénéchal ou de commissaires royaux. En 1263, sous le patronage du
sénéchal et peut-être à son instigation, la commune de Brive
conclut avec celles de Figeac, de Sarlat et de Périgueux un traité
pour la défense commune de leurs privilèges et libertés et pour le
maintien de la paix publique : quatre prud'hommes, un pour chaque
ville, étaient chargés de l'exécution de ces conventions sous l'autorité du sénéchal. — Ces alliances entre communes ne sont pas rares
au surplus à cette époque : un vieil inventaire de l'hôtel de ville
de Limoges signale un traité de « confédération » conclu en 1246,
entre la Cité et le Château ; vingt-deux ans plus tard de nouvelles
conventions interviennent entre les mêmes communes. Nous igno-
rons leur objet ; mais vers la même époque un document révèle
l'existence d'un personnage qui est désigné par l'élection et qui
porte le titre significatif de « *Pasier* d'entre les deux villes ». Ce *pasier*
n'aurait-il pas pour mission, non seulement d'accommoder les différends qui peuvent s'élever entre les deux groupes de population
séparés par un intervalle de cent mètres à peine, mais aussi de
coordonner dans certains cas leur action simultanée. tout au moins
de la mettre en mouvement? — Les communes, au surplus, font vi-
goureusement la police autour de leurs murailles. Au xiiiᵉ siècle. les
consuls de Saint-Léonard convoquent les bourgeois de leur ville
pour courir sus aux perturbateurs et aux pillards. Un chevalier des

laquelle les sénéchaux du roi de France succédèrent aux évêques, on la trouve
rappelée jusqu'aux derniers temps de l'ancien régime, comme la fonction caractéristique et principale du représentant du souverain, dans les provisions de nos
gouverneurs et de leurs lieutenants généraux. J'ai sous les yeux celles du marquis
des Cars, nommé en 1754 lieutenant du roi au *gouvernement du Haut et Bas
Limousin*. Il y est dit que le titulaire devra protéger et défendre les sujets du
Roi, « les faire vivre en bonne union et concorde les uns avec les autres,
pacifier, faire cesser tous débats et querelles qui pourroient survenir entre eux,
faire punir par les juges ceux qui se trouveront auteurs et coupables de désor-
dres, assembler par devant lui les gens d'église, la noblesse, officiers, maires,
échevins, bourgeois et habitants des villes et lieux dudit gouvernement pour leur
faire entendre et ordonner ce qu'ils auront à faire pour le service du Roi et leur
sûreté et conservation, contenir les gens de guerre dans l'ordre et la discipline,
empêcher que les habitants desdites villes et lieux reçoivent aucun *dommage*,
faire incontinent punir et châtier ceux qui commettront quelque chose au contraire. »

environs a enlevé trois marchands et les retient en captivité : la milice bourgeoise marche, bannière déployée, contre son manoir. sous les ordres des magistrats municipaux; l'habitation est envahie, dévastée, pillée de fond en comble, démolie, et la commune ramène des ôtages. Une autre fois, un habitant de Saint-Léonard est arrêté sur le chemin du Roi et dépouillé : les consuls appellent la population aux armes et vont se saisir de l'auteur de l'agression, de son fils et de son frère, qu'ils tiennent en captivité jusqu'à ce que deux chevaliers de Noblat se soient engagés par serment à donner satisfaction aux bourgeois.

Il peut arriver que la commune ne dispose pas de forces suffisantes pour faire la police au delà de ses remparts; ou bien elle ne veut pas enlever, pour ce service, les citoyens à leurs travaux : elle traite dans ce cas avec des seigneurs qui, moyennant finance, prennent l'engagement de s'acquitter de cette mission. L'ancien cartulaire du consulat du Château de Limoges nous fournit la mention, par malheur trop sommaire, d'une convention de ce genre conclue en 1223 entre les magistrats municipaux et deux chevaliers de la forteresse de Châlucet, Aymeric de Jaunhac et Gui de Périgord, pour « la garde des chemins », la protection des bourgeois «allants et venants », de leurs personnes et de tous leurs biens.

· J'ai dit qu'un lien existe entre l'organisation des communes et l'action exercée par l'Église pour l'établissement de la sécurité publique et de la paix sociale. Je me garderai toutefois de prétendre que l'Église ait directement favorisé l'éclosion des communes, comme l'a affirmé M. Sémichon, dans un livre à tant d'égards remarquable et traversé de si lumineux aperçus. Nulle part je ne trouve en Limousin la trace de cet appui, et, pour dire la vérité, je ne crois pas qu'il ait été donné. Ce qu'il est permis de dire, c'est que les deux efforts, les deux poussées ont la même origine et que l'idéal social prêché par le christianisme, les a inspirés tous deux. Au surplus, l'enseignement chrétien, les idées sur lesquelles il repose et qu'il avait semées dans tous les esprits, ont seuls rendu possible l'établissement des communes.

Opposant à la thèse de M. Sémichon une thèse absolument contraire, M. Luchaire, dans un ouvrage plus récent et d'une très sérieuse valeur, assure que l'Église se montra hostile au mouvement communal. Il faudrait s'entendre : comme les autres sei-

2

gneurs féodaux, les dignitaires ecclésiastiques, évêques, abbés ou
autres, ont souvent résisté aux tentatives d'émancipation de leurs
vassaux ou réprimé leurs violences. Ils ont plaidé avec les communes; ils les ont combattues : on les a vus même plus d'une
fois recourir aux armes spirituelles, prononcer l'interdit sur les
villes et l'excommunication contre les bourgeois; mais n'était-il
pas tout naturel qu'ils agissent de la sorte et ne devaient-ils pas
considérer les hommes de leurs terres, révoltés contre leur autorité, et prétendant se soustraire à leurs anciens droits, comme des
usurpateurs des biens ecclésiastiques, soumis à ce titre aux peines
édictées par les canons en pareil cas? Cette attitude des seigneurs
ecclésiastiques n'implique en rien l'hostilité de principe que prête
à l'Église M. Luchaire. Celle-ci a, en cette matière comme en toute
autre, cherché à réprimer les violences; elle a pu, dans certaines
occasions, approuver, confirmer les sentences prononcées par des
prélats en vertu des règles ecclésiastiques : il ne s'ensuit pas
qu'elle ait été opposée à l'établissement même des communes, là
où celles-ci se fondaient pacifiquement et se développaient grâce à
l'entente du seigneur et des vassaux. L'Église n'a jamais condamné
les aspirations légitimes du peuple vers le progrès social.

La commune, je l'ai dit plus haut, a surtout pour objet la protection de ses membres contre les menaces et les périls de l'extérieur.
Partout la fonction principale, essentielle des consuls est de construire, de réparer, d'entretenir, de garder et de défendre les fortifications à l'abri desquelles ont établi leurs foyers les membres de
la petite société municipale et qui protègent leurs personnes, leurs
biens et leur travail. C'est du seigneur même que ces magistrats
semblent le plus ordinairement tenir cette mission, ou, pour parler
plus exactement, cette charge. Le château ou la tour du seigneur
fait souvent corps, au surplus, avec la forteresse, ou se trouve com-
pris dans son enceinte. Il en est ainsi à Limoges, où les chefs des
bourgeois ont fait, dès la première moitié du XIIᵉ siècle, édifier la
ceinture des remparts et creuser les fossés qui en défendent l'approche, pour obéir à l'ordre formel de l'abbé de Saint-Martial, alors
seigneur principal de la ville. On les voit aux siècles suivants établir des impositions sur tous les immeubles des habitants pour
tenir en bon état les murailles, et l'abbaye elle-même consent à
leur payer annuellement, pour contribuer à cette dépense, une

redevance assez considérable. — A plusieurs reprises, au cours de la guerre de Cent ans, l'évêque et le chapitre somment les magistrats de la Cité d'avoir à réparer les fortifications. Les chefs de la commune de Saint-Léonard sont investis de la même mission que ceux des deux communes de Limoges, et au xiiie siècle le Parlement leur reconnaît le droit de lever, pour pourvoir à cette dépense, des tailles sur tous les héritages, même sur le patrimoine personnel des clercs. Dans cette ville, toutes les portes de l'enceinte se ferment au moment où il va être procédé à l'élection des magistrats : les clés sont apportées à la maison commune et déposées dans la salle où s'assemble le peuple, convoqué au son de la trompette par les crieurs du consulat. C'est par la remise de ces clés que s'opère en quelque sorte l'investiture des nouveaux chefs de la bourgeoisie : ceux-ci désignent aussitôt les citoyens à qui ils entendent en confier la garde.

Le souci de la défense commune prime tous les autres. Les consuls du Château de Limoges doivent, dans les premiers mois de leur entrée en fonctions, s'assurer que toutes les armes appartenant à la commune sont en bon état et inspecter celles des particuliers. Un document de 1270 établit que tout bourgeois d'Egletons trouvé en défaut sur ce point, est condamné à une amende : cinq sous pour la hallebarde, deux sous pour l'arbalète, etc.

Tous les habitants en âge de porter les armes sont astreints au guet et à la milice. Dans le Château de Limoges, au xiiie siècle, le service du guet est fait chaque jour par plusieurs des trente-trois corporations, suivant un tableau de roulement arrêté par le consulat. Les troupes de la commune sont divisées en compagnies dont les circonscriptions ne coïncident pas au xvie siècle avec les sections politiques. Le capitaine qui commande en chef cette milice est nommé et révoqué au temps de saint Louis par les magistrats municipaux. On constate plus tard qu'il en est de même des officiers des compagnies. Celles-ci ont des enseignes portant les armes du roi et celles de la ville. Les bourgeois de Saint-Léonard ont reçu de Richard Cœur de Lion lui-même deux bannières avec des léopards; quatre-vingt-dix ans plus tard, on voit leur contingent partir pour l'armée des Pyrénées avec des étendards sur lesquels sont représentées les fleurs de lis de France et l'image du patron de leur église.

V

La Commune s'appuie sur la religion comme sur la base nécessaire de toutes les institutions humaines. C'est un acte religieux
qui forme le pacte communal lui-même et le garantit : presque partout les bourgeois se lient entre eux par un serment solennel, public,
prêté à haute voix sur le livre des Evangiles et renouvelé chaque
année par tous les hommes âgés de quatorze ans accomplis entre
les mains des magistrats nouvellement élus. Nous ne connaissons
pas la formule primitive de ce serment; il devait différer peu de
celui que le vassal prêtait au seigneur et qui constituait l'accessoire
obligé de l'hommage. Au treizième siècle, les habitants de Saint-Léonard juraient de maintenir et de défendre les coutumes, libertés et
privilèges de la ville, de servir son intérêt, d'être fidèles aux magistrats et de leur obéir. Les coutumes du Château de Limoges paraissent indiquer l'usage d'une formule à peu près identique; mais
celle-ci, jugée trop brève et insuffisante eu égard aux circonstances,
est modifiée vers 1418 : à cette époque, on fait jurer aux membres
de la commune non seulement d'être « bons et loyaux à la ville »,
de garder « son bien, son avantage et son honneur, de faire tout le
« possible pour qu'elle ne reçoive aucun dommage, d'obéir aux
« ordres des consuls, » mais encore « de révéler à ces derniers tout
« complot, toute entreprise dont ils auraient connaissance, de se
« rendre en cas d'alerte au poste assigné à chacun pour faire le
« guet, de ne répondre à aucun étranger à moins d'en avoir reçu
« commandement exprès, enfin d'être bons et loyaux au Roi de
« France et de maintenir la ville sous son autorité. »
    Seul le serment communal doit lier les bourgeois. Tout autre
engagement du même genre leur est interdit de la façon la plus expresse. Les coutumes du Château de Limoges, aux treizième et quatorzième siècles, prohibent en termes catégoriques le serment

spécial des membres d'un même corps de métier et le proclament nul. Il ne faut pas qu'entre le peuple et ses chefs il existe d'autorité intermédiaire, qu'une autre organisation s'établisse à côté de l'organisation municipale, la complique et puisse entraver son jeu. Aux consuls seuls, représentants de l'intérêt général, organes de la coutume, conservateurs des libertés, le bourgeois doit fidélité et obéissance.

Ce n'est pas sans raison que le régime consulaire témoigne quelque défiance à l'égard de l'organisation corporative. L'esprit des corps de métiers s'est parfois écarté de l'esprit traditionnel de la Commune, et la démagogie, qui compte plus d'un fervent adepte dans leurs rangs, semble avoir, à certaines époques, sérieusement menacé les vieilles institutions. Dans une des principales villes de la province, tout au moins, les artisans ont tenté de se saisir du pouvoir et de substituer, semble-t-il, comme base de la constitution politique et de l'exercice du droit électoral, le groupe corporatif à la circonscription topographique au quartier. Cette entreprise, qui avait sans doute pour objet de combattre l'influence d'une aristocratie bourgeoise et de transférer le pouvoir aux mains de quelques hommes entreprenants, se produisit à Brive vers le milieu du treizième siècle. Les chefs du mouvement réussirent à faire modifier la vieille constitution communale et à établir un nouveau régime, vraisemblablement imité de celui qui était alors en vigueur dans beaucoup de villes du Nord et dans plusieurs de celles du Midi. Le nombre des magistrats municipaux et leur mode d'élection furent changés. Mais cette curieuse révolution, sur laquelle nous ne possédons que de très vagues renseignements, ne devait pas avoir de lendemain. Les actes qui l'avaient préparée et consacrée furent déférés à la Cour du Roi. Le Parlement, dans sa session de la Pentecôte 1257, ordonna que toutes les innovations introduites dans le régime municipal de la ville de Brive seraient mises à néant, supprima la nouvelle organisation corporative, prescrivit le rétablissement de l'ancien collège des consuls, le retour aux coutumes électorales, annula le serment prêté aux chefs de métiers et obligea les citoyens à jurer qu'ils ne prêteraient plus à l'avenir pareil serment.

De même que la Commune jurait obéissance aux consuls, ceux-ci juraient fidélité à la Commune, s'engageaient à remplir leur mandat avec justice et loyauté, à garder les libertés de la ville, à défendre ses habitants, à maintenir parmi ceux-ci la paix et la concorde. L'histoire de nos communes limousines ne nomme qu'un seul magistrat traître à son serment; elle en mentionne un grand nombre qui n'hésitèrent pas, pour tenir fidèlement leur promesse, à exposer leurs biens et leur vie. Plusieurs moururent en faisant leur devoir en hommes de cœur et de dévouement : tel Jean Maistre, consul de Brive, tué le 22 juillet 1374, en cherchant à repousser l'assaut donné à la ville par les troupes du duc de Bourbon; tel Etienne Pinchaud, consul du Château de Limoges, qui tomba auprès de son collègue Durand Brugère, blessé lui-même, en essayant de calmer une sédition, le 15 octobre 1589.

Une seule formule du serment consulaire nous reste, celle en usage au Château de Limoges vers le commencement du XVe siècle. La voici : « Messeigneurs, vous jurez sur les saints Evangiles de « Dieu, que vous tiendrez et garderez cette ville de tout votre pou- « voir, sous la vraie et bonne sujétion et obéissance du Roi, notre « souverain seigneur; que bien et loyalement vous donnerez vos « soins au gouvernement de la ville, travaillant à son profit, évitant « son dommage, et procurant à votre pouvoir, bonne garde, justice, « police et toutes autres affaires intéressant ladite ville; et ne ferez « ou ne tolérerez le contraire ni par haine ni par faveur; qu'enfin à « l'expiration de votre mandat, vous rendrez bon compte et verse- « rez le reliquat de votre gestion. »

Outre les engagements réciproques qu'échangeaient ainsi chaque année les magistrats et la population et qui constituaient le serment de la Commune proprement dit, un serment spécial venait, dans certains cas, consacrer des obligations d'une nature plus précise, former un nœud plus étroit entre la Commune et quelques-uns de ses chefs ou de ses membres qui acceptaient, dans l'intérêt de tous, une mission périlleuse ou une grave responsabilité. Le vieux cartulaire municipal, conservé aux archives de l'Hôtel de Ville de Limoges, nous a gardé le texte de plusieurs de ces garanties particulières données au cours de la guerre entre les bourgeois du Château et leur vicomte : nous y voyons un certain nombre de membres de la Commune, les consuls et les prud'hommes du Conseil sans doute, s'obliger par serment, au nom de la population entière, à défendre de tous dommages, dans sa personne et dans ses biens, le citoyen qui se dévoue pour la chose publique.

Le serment n'était pas seulement le lien qui rattachait entre eux tous les membres de la Commune : il constituait la principale garantie que leurs libertés eussent à l'origine obtenue du seigneur et que les bourgeois demandèrent plus tard, pour elles, des représentants et des officiers de celui-ci. C'est sous la foi du serment qu'en 1270 Imbert de Beaujeu et Ramnoux du Pont octroient les coutumes et libertés de Clairavaux ; qu'en 1279 Hugues XIII, comte de La Marche, confirme celles que son père a jadis accordées aux habitants de Chénérailles. Aux termes d'une des clauses de la sentence arbitrale rendue en 1211 par l'évêque Jean de Veyrac, le seigneur de Malemort doit s'engager par serment à défendre les bourgeois de Brive. Le serment du vicomte de Turenne et des habitants de Beaulieu est réciproque, comme il résulte d'un traité conclu entre eux en 1296. Le seigneur jure, lors de son avènement, de maintenir les droits concédés à la ville par ses aïeux, et de se comporter bien et loyalement à l'égard des bourgeois ; il s'engage notamment à ne donner ni vendre sa part de seigneurie à aucun « homme, collège ou lieu ». De leur côté, les consuls et les prud'hommes jurent de se comporter bien et loyalement envers le vicomte, de ne pas attenter à ses droits, de les défendre et d'observer en tous points le traité.

Quand le seigneur s'est réservé le droit d'avoir un bailli ou un châtelain dans la ville, celui-ci doit prêter serment, entre les mains des magistrats municipaux, de respecter et de maintenir les libertés de la Commune. Ainsi l'exigent expressément la charte de La Courtine (1224), celles de La Borne (1265), de Chénérailles (1266) et autres. Il en est de même à Evaux, et nous voyons, au cours de leur grand procès avec l'évêque de Limoges, les bourgeois de Saint-Léonard réclamer, en 1279, un serment analogue du prévôt épiscopal.

Mais les officiers des seigneurs et les seigneurs eux-mêmes ne sont point les seuls qui jurent de respecter les franchises de la commune. Dans certaines occasions solennelles, les souverains ou leurs représentants s'obligent par serment à les maintenir. Ainsi fait Chandos en 1361, lorsqu'il prend possession de l'Aquitaine au nom du roi d'Angleterre. En août 1370, la Cité de Limoges n'ouvre ses portes au duc de Berry et au maréchal de Sancerre qu'après leur avoir fait prendre l'engagement, sur le livre des Évangiles, d'obtenir du Roi la confirmation de ses libertés et la concession de certains avantages. Au mois de novembre 1371, les habitants du Château, sollicités de se « tourner Français », exigent que le chef des troupes de Charles V prête serment de respecter leurs privilèges, de les faire maintenir et confirmer par le souverain et d'impétrer pour eux des lettres par lesquelles le Roi donnera aux consuls, représentants de la Commune, la ville en toute justice et en toute seigneurie.

Des cérémonies religieuses accompagnent l'élection et l'installation des consuls. A Limoges, les magistrats nouvellement désignés se rendent, au sortir de l'hôtel de ville, dans la basilique de Saint-Martial, où ils sont reçus au son des trois grosses cloches lancées à toute volée. Précédés de leur cortège de massiers, de valets de ville. d'officiers de milice, de conseillers, ils descendent dans la chapelle dite du Sépulcre, où ils vénèrent les reliques de l'apôtre d'Aquitaine. Le lendemain de leur entrée en fonctions, ils assistent à une messe solennelle célébrée dans la même église. En 1781 seulement ce pieux usage est abandonné. A Beaulieu, les consuls qui viennent d'être choisis entendent, dans l'église du monastère, une grand'messe, à l'issue de laquelle ils prêtent serment dans l'abbatiale même. — Dans les actes publics, au début des délibérations importantes, dans les conjonctures graves, les magistrats invoquent Dieu, la Vierge, les saints. C'est par une invocation de ce genre que commence le plus ancien texte des coutumes de Limoges, celui de 1212. Une formule pieuse se lit en tête de tous nos anciens registres municipaux. Ces hommages répétés rendus à Dieu par les chefs et les représentants de la population, attestent combien le dévouement au bien public s'allie étroitement à l'inspiration religieuse et rappellent cet article si caractéristique et si expressif écrit au début des statuts de la commune d'Arles : *Totus in integrum consulatus ad servitium Dei et utilitatem terrœ tenebitur.*

La continuité des rapports entre la Commune et l'Église a eu pour effet de créer, au profit des magistrats municipaux, certaines prérogatives séculaires et de leur imposer par contre certaines obligations. C'est ainsi qu'à Limoges les consuls, lorsqu'ils assistent, revêtus de leurs insignes, aux cérémonies dans la basilique de Saint-Martial, ont leur place dans les stalles du chœur et on leur porte la paix à baiser. Ils sont dépositaires de deux des clés qui ouvrent le coffret où reposent les reliques du patron de la ville et la grille qui les protège ; le clergé ne peut, sans leur assentiment et leur concours, faire aucune ostension de ces précieux restes. C'est à leur requête qu'en temps de calamité publique on expose à la vénération des fidèles les corps des saints considérés comme les patrons spéciaux de Limoges et que l'autorité ecclésiastique ordonne des prières et des processions. Le luminaire qui brûle jour et nuit devant le sépulcre du premier évêque de Limoges est entretenu, dès le xive siècle et probablement dès l'origine de la Commune, aux frais du consulat, qui pourvoit aussi aux dépenses de certaines processions. Il en est de même ailleurs : à Ussel, par exemple, où un crédit est inscrit au xviie siècle au budget municipal pour les frais de la procession de Notre-Dame de La Tourette ; à Chénérailles, où trois processions ont lieu le 15 août, le jour de la fête de Saint-Barthélemy et le dimanche suivant : le clergé de plusieurs paroisses des environs est tenu d'assister à la cérémonie, les consuls étant, de leur côté, obligés de pourvoir à la dépense du dîner offert aux ecclésiastiques après la messe. Dans plusieurs villes, à Limoges, à Brive, à Meymac, le corps municipal désigne et paye le prédicateur de l'Avent et du Carême ; il assiste aux sermons, revêtu de ses insignes, escorté de ses gagers. A Ussel, outre la station du Carême, les consuls font prêcher à leurs frais deux autres sermons, le 1er janvier et le jour de l'Ascension.

Le sentiment religieux qui avait dès l'origine animé le groupe communal, éclatait surtout dans certaines cérémonies instituées, on peut le dire, par la population elle-même pour conserver le souvenir d'événements considérables de l'histoire locale, pour remercier Dieu d'avoir sauvé la ville de quelque grand péril ; telle la procession de *la Lunade*, à Tulle, établie ou tout au moins réinstituée en 1348 en actions de grâces de la délivrance de la place enlevée aux Anglais et de la cessation d'une terrible épidémie. Telles encore celle dite *du Pétard*, à Brive, destinée à garder le souvenir de l'échec des ligueurs dans leur tentative pour s'emparer de la ville (nuit du 22 au 23 novembre 1589), et celle du 10 février à Saint-Junien, en souvenir de la journée du 10 février 1587, où les bourgeois avaient repoussé l'assaut des Protestants ; celle enfin du 27 août, à Limoges, qui rappelait la découverte d'un complot formé par un consul pour livrer la ville au vicomte de Limoges (27 août 1426) et qui eut lieu jusqu'en 1768. Cette année-là, le nouveau corps municipal, qui se désintéressait de plus en plus des traditions, jugea qu'il n'é-

tait pas de sa dignité de présider à une cérémonie de ce genre et
celle-ci fut supprimée... Belle victoire pour les philosophes !

Rappelons enfin que le sceau ou les armoiries de plusieurs de nos
anciennes communes avaient pour signe principal, soit l'image
même du saint patron de la ville, soit un de ses attributs tradi-
tionnels ou un objet évoquant le souvenir de ses miracles.

VI

La Commune, qui se propose de protéger et d'assister générale-
ment tous ses membres, manifeste de bonne heure une sollicitude
particulière pour les déshérités, les pauvres, les souffrants, les
lépreux. Cet esprit charitable, témoignage du sentiment sincère de
solidarité qu'on trouve au fond de tous les cœurs, est un des traits
les plus apparents de la physionomie de nos petites sociétés municipales. La chronique du prieur de Vigeois atteste que peu après la
première Croisade, l'usage s'établit dans les villes de distribuer
aux pauvres des aumônes publiques une ou plusieurs fois par an,
et qu'on vit se multiplier les institutions charitables, les hôpitaux,
les maladreries. Au XIIIᵉ siècle, il est parlé à Limoges des « antiques »
aumônes municipales alimentées par des legs et par les deniers que
levaient les consuls : il s'agit sans doute de l'*Aumône Sainte-Croix*,
donnée en argent le 3 mai, et des *Pains de Noël*, remis en nature aux
indigents le 24 ou le 25 décembre. Ces distributions étaient faites par
les consuls eux-mêmes, chacun donnant l'aumône aux indigents
de sa *bannière*. Elles avaient encore lieu à l'hôtel de ville dans la
première moitié du XVIIᵉ siècle. On verra plus loin que les magistrats municipaux exerçaient une surveillance et un haut patronage
sur les confréries de bienfaisance, notamment sur les *Charités* des
Pauvres à vêtir et des *Suaires*, qu'un lien mal déterminé, mais certain, rattache à l'hôtel de ville. Il en est ainsi de la confrérie du
Saint-Esprit, dont un document révèle l'existence en 1206 et qui
paraît avoir fondé la léproserie de la Maison-Dieu. Les consuls
revendiquent plus tard le titre de patrons de cette maladrerie. On
les trouve, dès une date ancienne, mêlés à l'administration d'autres
établissements de bienfaisance, entre autres de l'hôpital Saint-Gérald

À Ussel, où l'existence d'une confrérie instituée pour venir au
secours des indigents est mentionnée dès 1254, les consuls

reçoivent quinze ans plus tard, conjointement avec le seigneur de
Ventadour, d'un généreux donateur, une maison pour y accueillir
les pauvres étrangers. Il est entendu que les magistrats municipaux
choisiront l'administrateur de cet hospice, avec l'agrément du
bailli seigneurial.

Vers la même époque, les chefs de la commune de Saint-Léonard envoient aux pauvres de l'Hôtel-Dieu de cette ville, les pains
n'ayant pas les dimensions ou le poids voulus qu'ils saisissent sur
la place du marché. Ils possèdent, au dire d'un témoin entendu à
une enquête en 1288, une caisse spéciale pour l'assistance des
indigents — *archam pauperum*. Nous trouvons, dans un livre de
raison du xve siècle, mention d'un legs fait « aux aumônes du consulat » de cette ville : preuve qu'il y existait, comme à Limoges, des
distributions ayant un caractère municipal. Il est parlé au même
document d'une confrérie des *Trépassés du Consulat*, qui doit avoir
une grande analogie avec la *Charité des Suaires* signalée plus haut.

Ainsi le bourgeois trouvait dans la Commune non seulement la
protection et la sécurité, non seulement la liberté et la justice,
mais un appui dans l'épreuve et des secours matériels dans le
besoin : elle lui assurait même, après sa mort, des obsèques
décentes. La solidarité entre les membres de la Commune était. on
le voit, aussi étroite, aussi complète que possible. L'intérêt d'un
seul devenait l'intérêt de tous et nul ne restait indifférent au dommage, à l'injure, à l'infortune d'un concitoyen. Qu'était, que pouvait, au sein de la société du moyen âge, un homme isolé, sans
protection et sans appui? Rien ou presque rien. De tous ces isolés
qu'elle rapprochait la Commune formait un faisceau ; de toutes ces
faiblesses réunies, elle faisait une force avec laquelle les autres
forces sociales devaient compter. Comment le bourgeois n'aurait-il
pas été attaché de tout son cœur, dévoué de toutes ses forces et de
toute son âme, à des institutions qui lui assuraient de tels bienfaits?
Aussi quels termes graves et pénétrés ne trouve-t-on pas sur ses
lèvres quand il y fait allusion ! Quels témoignages de respect ne
prodigue-t-il pas à ses magistrats, à leur autorité, à l'hôtel de ville,
qu'il considère comme un lieu sacré — on trouve le mot aux registres consulaires de Limoges ! Quel amour il porte à ces institutions tutélaires ! De quelle fidélité il les sert ! De quel courage il les
défend ! Les ecclésiastiques eux-mêmes manifestent énergique-

ment cet esprit. Dans les différends des bourgeois du Château de
Limoges avec l'abbé de Saint-Martial, avec l'évêque, le clergé ne se
sépare pas de la Commune. En 1203, l'attitude des prêtres séculiers
de la ville, au cours d'une de ces querelles, leur fait encourir l'excommunication du Souverain Pontife, qui les menace de les déposer
s'ils ne se soumettent pas. Soixante ans plus tard, c'est un curé des
environs, mais originaire du Château de Limoges, Laurent Maumet,
qui prend en mains la cause des bourgeois et accepte la mission de se
rendre à Paris pour s'occuper de leurs intérêts à la Cour et devant
le Parlement, pendant la lutte entre la Commune et le vicomte.
Des religieux mendiants s'interposent au cours des hostilités et
cherchent à fléchir la veuve du seigneur. Un peu plus tard des
Templiers, des membres du clergé séculier porteront témoignage
en faveur de la commune de Saint-Léonard, à l'encontre des pré-
tentions de l'évêque, devant les enquêteurs royaux.

  Et quand, voulant se mettre en garde contre les surprises de la
mort, le prud'homme se retirait dans la chambre haute de sa maison, et là, seul avec lui-même et avec Dieu, se recueillait au moment d'arrêter ses dispositions dernières, sa pensée se reportait
sur la Commune qui l'avait protégé, servi, défendu, comme sur la
confrérie qui l'avait associé à ses prières, comme sur la famille
dont la Providence lui avait confié le gouvernement ; son esprit
avait, à cette heure solennelle, une pensée reconnaissante et son
cœur un élan d'amour pour cette société dont il était membre, que
ses pères avaient fondée et qui devait rendre à ses descendants
l'existence plus sûre et plus facile. Il voulait que l'acte de ses dernières volontés attestât sa sollicitude pour les intérêts de la Commune et que cette sollicitude s'exerçât encore au delà du tombeau.
Des legs assez nombreux témoignent de cette préoccupation. Pour
ne parler que de bourgeois de Limoges, on voit Simon Borzes et sa
femme laisser, vers le milieu du xiiie siècle, une aumône en pain à
mille religieuses de la province : cette aumône sera distribuée le
jour de l'élection des consuls, afin d'appeler sur cet acte si impor-
tant de la vie communale les bénédictions du ciel. Notons que les
donateurs ont investi les magistrats municipaux du droit de désigner, après la mort de l'un et de l'autre, les deux prud'hommes chargés, de pourvoir à perpétuité à cette distribution, à l'aide des
rentes qu'ils y affectent. C'est encore Gérald Brunaud qui, en
1270, lègue une petite somme pour contribuer au rachat ou au

recouvrement d'une fontaine ; c'est Poncet Reynier qui, en 1429, fait
un legs en vue de concourir aux dépenses de reconstruction des
murailles ; c'est Barthélemy Raynaud, disposant en 1362 qu'après
la mort de sa mère et la sienne, leur maison deviendra la propriété
des consuls et que ceux-ci pourront l'utiliser pour y tenir leurs
réunions et les assemblées de ville, sinon l'affecter à tel service
public que bon leur semblera..... Témoignages significatifs du
dévouement des citoyens au bien public, marques touchantes de
leur esprit de solidarité et de patriotisme, que nous recueillons
avec émotion, et qu'il faut conserver avec piété.

VII

Les magistrats de toutes nos communes limousines ont, au
moyen âge, porté le nom de consuls et on les voit presque partout
garder cette dénomination jusqu'au xvIII^e siècle. Le titre et la charge
de maire paraissent avoir été inconnus dans la province avant le
règne de Louis XI. Partout, les chefs élus de la population
exercent en commun le pouvoir municipal et sont placés sur le
pied d'une parfaite égalité. Dans les villes d'une certaine importance, dans le Château de Limoges *tout au moins*, chaque consul
doit tour à tour remplir pendant un mois les fonctions de prévôt,
c'est-à-dire pourvoir à l'expédition des affaires courantes : il est,
durant ce laps de temps, l'organe et le représentant attitré de ses
collègues : peut-être a-t-il le droit de les convoquer et de présider
leurs réunions ; mais il ne se distingue d'eux en rien, ne jouît
d'aucune prérogative et n'est que *le primus inter pares*. Les insignes
des consuls consistent, dès le xve siècle, en un chaperon rouge, ou
mi-partie rouge et noir, porté en général sur une robe noire. Au
xvI^e siècle, les consuls de Brive ont toutefois la robe rouge. En
1556, les chefs de la Commune de Limoges figurent à l'entrée
solennelle d'Antoine de Bourbon, « vestus de jupes de damas, portant robes longues de velours noir, façonnées à la trésorière, et,
dessus, chaperons de damas cramoisy rouge, à borlets et à longue
cornette, montés sur chevaux blancs garnis de leurs housses ».
Devant eux marchent « leur scribe et leur porte-masse, à cheval,
et à pied les six gaigiers de la ville, vestus de robes mi-parties de

couleurs de la ville (rouge et azur), portant chascun un baston
coloré de mesme ».

Le nombre des magistrats municipaux varie suivant les usages
établis et l'importance des villes. Le Château de Limoges, qui en a,
semble-t-il, dix seulement dans les premières années du XIIIᵉ siècle,
en nomme douze un peu plus tard. Ils sont élus dans une assemblée générale des habitants et le règlement électoral du mois de
février 1252 dispose que chaque quartier, appelé successivement
par les scrutateurs, doit désigner un consul pris dans un autre
quartier : singulière précaution et qui trahit déjà les défiances
invétérées de l'esprit démocratique. — Le scrutin est public: c'est à
haute voix qu'on délibère et qu'on vote. Ce mode d'élection se
maintiendra jusqu'à la fin de l'année 1700. A cette époque, une
coterie réussira, après avoir échoué en 1699 dans une première
tentative, à faire accepter au corps électoral la substitution, à l'ancien système, du vote secret par bulletins. Au XVIIᵉ siècle, l'élection des consuls à Limoges avait été définitivement déléguée à cent,
puis à soixante prud'hommes choisis par les divers quartiers.

A Chénérailles, les consuls sont nommés par l'assemblée des
habitants. Dans la Cité de Limoges, ainsi qu'à Brive, c'est aussi
cette assemblée, convoquée au son de la cloche et de la trompette,
qui désigne les magistrats de la Commune : ceux-ci sont au nombre
de six dans la première de ces villes, de quatre seulement dans la
seconde. A Brive, dès le XVIᵉ siècle, le suffrage à deux degrés a
remplacé l'élection directe : le choix des consuls appartient à seize
électeurs nommés par les quartiers, chacun de ces derniers désignant quatre représentants. Les huit consuls de Saint-Léonard,
les quatre consuls de Rochechouart reçoivent leur mandat des
magistrats sortants. Il n'est pas impossible qu'au début du XIIIᵉ
siècle, dans le Château de Limoges, les chefs de la Commune
aient été aussi désignés par ceux qu'ils étaient appelés à remplacer.
A Beaulieu, il en a été de même durant une partie du moyen
âge; toutefois à une certaine époque quarante prud'hommes, élus
sans doute par leurs concitoyens, arrêtaient une liste de douze
candidats, sur lesquels l'abbé, seigneur de la ville (1), choisissait les

_____

(1) A Beaulieu, la situation était analogue à celle qui existait dans le Château de
Limoges; il y avait deux seigneurs en quelque sorte superposés : ici, l'abbé de
Saint-Martial et le vicomte de Limoges; là, l'abbé de Beaulieu et le vicomte de
Turenne, sans parler du vicomte de Castelnau.

quatre (al. six) consuls. On retrouve ce nombre de quatre à Ussel, à
Evaux et dans la plupart des communes marchoises. On le retrouve
aussi à Saint-Junien, où les consuls, élus avant 1251 par les habitants, sont désignés, à dater de la transaction conclue à cette
époque entre la population et l'évêque, par six prud'hommes
choisis trois par le prélat et trois par les bourgeois.

Le renouvellement du corps municipal est fixé, dans la plupart
des villes d'une certaine importance, au jour de la chaire de saint
Pierre à Antioche, 22 février. Il en est ainsi dans le Château de
Limoges (jusqu'au xv⁰ siècle), à Brive, à Saint-Léonard. L'élection
a lieu, à Chénérailles, le cinquième dimanche après la Toussaint ;
à Beaulieu, le lendemain de la fête de Noël. J'ajouterai que la
durée du mandat consulaire au moyen âge n'excède jamais une
année et qu'en général les magistrats sortants ne sont rééligibles
qu'après un certain délai ; ce délai est d'ordinaire de trois à
cinq ans.

L'acceptation des fonctions consulaires est obligatoire : les bourgeois élus pour remplir ce mandat ne peuvent s'en dispenser sans
de graves raisons. A Egletons, les statuts municipaux prononcent
une amende de cent sols contre le bourgeois qui refusera d'accepter cette charge après y avoir été régulièrement élu. — Notons
aux mêmes statuts l'amende de soixante sols portée contre tout
homme qui troublera les réunions des consuls, et celle de trente
sols applicable à celui qui révélera quelque chose du conseil ou en
sortira sans congé de qui de droit. On relève, dans les règlements
des confréries, des défenses et des pénalités analogues.

Dans toutes les localités importantes, les consuls sont assistés
d'un conseil formé d'un certain nombre de prud'hommes, qui
semblent, dans plusieurs villes, être investis d'un mandat à vie.
C'est à eux, en général, ou à leurs délégués, que les magistrats
sortants rendent compte de leur gestion et versent l'argent qui
reste dans la caisse communale. Ces conseillers qui, au milieu du
xIII⁰ siècle, portent, dans le Château de Limoges, le nom de *Prud'-
hommes de l'Hôpital* (le mot d'*Hospitalis* sert parfois à désigner la commune et l'hôtel de ville) sont élus par les quartiers dans les mêmes
conditions que les consuls. Dans plusieurs localités, auprès des
consuls et du conseil, on trouve des syndics, spécialement chargés
de certaines branches de l'administration. Il y en a deux à Beaulieu. On en compte quatre à Brive : les deux syndics dits de la

ville et les deux syndics de l'hôpital. — Les fonctions de conseillers de ville s'allient souvent à celles de collecteurs.

Les attributions des magistrats municipaux, dans certaines villes, étaient si larges, leur pouvoir si étendu qu'à peine concevons-nous aujourd'hui comment de telles institutions ont pu s'établir et se perpétuer pendant des siècles au milieu de la société féodale. L'autonomie des grandes Communes nous apparaît comme un phénomène presque inexplicable, et nous serions tentés de suspecter les témoignages des documents et des chroniques à cet égard, si la précision, la concordance et la sûreté de ces témoignages pouvaient laisser place au moindre doute.

Un simple aperçu du pouvoir et des attributions dévolus aux consuls du Château de Limoges sous le régime des coutumes confirmées aux XIIIe et XIVe siècles par plusieurs rois de France et d'Angleterre, donnera une idée assez complète du degré d'indépendance auquel atteignit alors le gouvernement de la Commune, et prouvera que nous n'avons pas à la légère employé tout à l'heure les mots d'institutions républicaines pour caractériser le régime dont jouirent au moyen âge les habitants de cette ville.

Investis, par l'élection directe des chefs de famille, du mandat consulaire pour une année, les magistrats municipaux se trouvent mis en possession de tous les droits qui appartiennent à la Commune et qu'ils auront à exercer en son nom. Tous les habitants en âge de porter les armes leur ont, au moment même où leur élection a été proclamée, prêté le serment de fidélité et d'obéissance. Les clefs de la ville, la maison commune, l'arsenal, les sceaux, les deniers de la caisse leur ont été remis. Dans leurs proclamations, dans leurs ordonnances, ils prennent le titre de « seigneurs consuls », et ils sont bien vraiment les seigneurs et les maîtres, derrière cette forte ceinture de remparts qu'ils doivent défendre contre tous, sauf contre le souverain, et où nulle troupe de gens de guerre ne peut pénétrer sans leur autorisation. Charles V les a solennellement proclamés tels dans ses lettres des 28 décembre 1371 et 2 janvier 1372, et les en a constitués les seigneurs et les uniques justiciers, comme l'avaient fait avant lui Henri III et Édouard III d'Angleterre, et peut-être antérieurement Henri II et Richard son fils.

Ils sont chefs militaires et gouverneurs de la place. Le service du guet se fait conformément à leurs instructions. Ils donnent le mot d'ordre, le mot de passe; les portes s'ouvrent et se ferment à leur volonté. Ils tiennent les fortifications en état de défense, les réparent et les augmentent, si bon leur semble ; ils font élever des tours et des bastions et les garnissent de tout ce qui est nécessaire à la défense : en 1214, alors qu'il sont sous l'obéissance du roi d'Angleterre, on les voit disposer sur leurs tours, à la nouvelle de l'approche de Philippe-Auguste, dix engins pour lancer des pierres, et garnir les murailles de machines ; plus tard, leurs remparts, bordés de terrasses, se hérisseront d'une formidable artillerie, et, redevenus sujets du roi de France, ils prêteront à ses capitaines, aux xiv⁰ et xv⁰ siècles, leurs canons pour réduire les forteresses de la contrée où tiennent encore des garnisons anglaises. Au xvi⁰, une de ces pièces, la célèbre *Marsale*, aura sa légende et sera considérée par les troupes de la ville comme une sorte de palladium.

L'arsenal de la Commune renferme au xiii⁰ siècle, outre des engins de siège, un assez grand nombre d'armes offensives et défensives, des hauberts, des chapeaux de fer. Les consuls les confient aux citoyens pauvres et aux contingents qu'ils envoient au Roi sur la réquisition directe des sénéchaux. La plupart des miliciens fournissent eux-mêmes leurs armes et les conservent à leur domicile. Les troupes bourgeoises sont organisées par compagnies. Le nombre de compagnies varie de huit à dix aux xvi⁰ et xvii⁰ siècles; chacune a son capitaine, son lieutenant et son enseigne. Il n'est nommé de capitaine général, de colonel, que dans les grandes circonstances. En temps ordinaire on ne constate pas, au dessus des capitaines de compagnie, l'existence d'un commandement supérieur permanent; n'y a-t-il pas lieu de voir, là encore, une mesure de précaution contre l'influence possible et le prestige d'un homme de guerre?

L'effectif total de la milice a dû être, au moyen âge, de plusieurs milliers d'hommes. En 1371, à l'entrée du comte de Ventadour, gouverneur de la province, on compte, indépendamment de l'escorte du corps consulaire, sept ou huit cents fantassins; mais une partie seulement des troupes ont été mises sur pied. A la revue générale de 1574, on évalue l'infanterie de la ville à douze ou quinze cents hommes « en bon équipage ». A l'entrée d'Henri IV, en 1605, les neuf compagnies qui défilent devant lui sont composées d'environ quinze cents bourgeois.

Au pouvoir militaire les consuls joignent l'autorité judiciaire la plus étendue. Sauf l'appel au Roi dans les causes qui le comportent, et le jugement du crime de lèse-majesté, ils prononcent sur tous les cas de haute, moyenne et basse justice. Au criminel, ils délèguent l'instruction et le jugement des affaires à un prévôt assisté de six sergents ou gagers. Ce prévôt est aussi chargé de la police. C'est au titulaire de cet emploi que, le 27 août 1426, les consuls, réunis dans la maison commune, remettent un d'entre eux, Gautier Pradeau, traître à la ville et à son serment : Pradeau est condamné à mort ; sa tête, mise au bout d'une pique, est placée au-dessus de la porte qu'il devait livrer. Le bourreau coupe le corps du traître en quatre quartiers, qu'on expose aux quatre principales entrées de l'enceinte.

Les consuls, qui ont déjà à la fin du XIVe siècle un juge civil, paraissent avoir, à l'origine, jugé eux-mêmes les procès en s'adjoignant soit des gens de loi, soit un certain nombre de prud'hommes. Ils exercent la police des poids et mesures, surveillent les corps de métiers, tiennent la main à l'observation des coutumes des divers groupes d'artisans, rendent au besoin des ordonnances pour rappeler ces coutumes et les remettre en vigueur. Ils punissent ceux qui débitent des marchandises mal fabriquées ou des denrées malsaines, confisquent celles-ci et les font brûler en place publique. Ils tiennent la main à la loyauté des transactions ; on les voit, au XIIIe siècle, interdire à un bourgeois de moralité suspecte d'aller aux foires durant un certain laps de temps.

Leurs attributions administratives ne sont pas moins importantes. Ils ont la haute main sur la voirie, donnent les alignements pour les nouvelles constructions, plantent des arbres et établissent des sièges sur les places publiques ; ils font paver les rues et les faubourgs, conduire les fontaines, construire et réparer les égouts, entretenir les routes aux abords de la ville. En temps d'épidémie, ils prennent toutes les mesures que comporte la situation. Ils pourvoient aux écoles, dont ils enlèvent peu à peu la direction à l'autorité ecclésiastique et qui, dès la fin du XVe siècle, se trouvent dans leurs mains. Pour assurer tous ces services, ils lèvent des contributions sur les propriétés et sur les habitants, dans l'enceinte de la ville et dans les faubourgs. Ils font saisir par leurs sergents les marchandises et les biens des contribuables qui refusent d'acquitter leur quote part ; ils établissent des droits sur la vente de certains objets, sur l'entrée des denrées apportées dans la ville par des négociants étrangers. Dès le xive siècle, ils perçoivent, par octroi royal, le *souquet* sur le vin vendu dans l'étendue de leur juridiction.

Chargés de la protection des familles non moins que de celle des individus, et convaincus, comme tous leurs contemporains, que l'intérêt de la race doit imposer une limite à l'exercice des droits des particuliers, ils interviennent pour assurer la conservation du patrimoine à chaque foyer. Nous les voyons, en 1247, interdisant à un bourgeois de continuer à vendre ses immeubles et à dilapider sa fortune. Ils prennent des mesures efficaces pour empêcher les fils de famille de dissiper leur héritage. Ils veillent à ce que les soultes dues aux veuves et aux filles soient acquittées par les héritiers qui ont recueilli les biens. Ils interviennent dans certains cas pour assurer l'exécution des testaments. Ils nomment, à défaut de la famille, ou font nommer par leurs juges, des tuteurs, des curateurs.

Les associations charitables et les établissements de bienfaisance, je l'ai déjà dit, n'échappent pas à leur vigilance et à leur sollicitude. Dès le temps de saint Louis, ils révoquent le receveur de la Charité des *Suaires*, défendent qu'à l'avenir la gestion des deniers des pauvres lui soit laissée et lui nomment un successeur qui devra chaque année soumettre ses comptes aux magistrats municipaux. Entre 1292 et 1318, ils réunissent et fondent les deux confréries des *Suaires* et des *Pauvres à vêtir* en une seule association que quelques documents désignent sous le nom caractéristique de *Confrérie des pauvres à vêtir, vivants et morts*. Ils intentent, en 1399, un procès à l'abbesse de la Règle qui laisse tomber en ruines une maladrerie située aux portes de la ville. Ils font distribuer des aumônes aux pauvres par les mains des prud'hommes de leur choix. Je vous les ai montrés tout à l'heure en distribuant euxmêmes.

Il serait fastidieux d'analyser dans tous ses détails l'action des magistrats municipaux de Limoges. J'en ai dit assez, Messieurs, pour vous permettre de mesurer à la fois la large indépendance de cette action et la diversité des objets auxquels elle s'applique. J'ajouterai seulement que le consulat exerce tous les droits, utiles et honorifiques, du seigneur, recueille les successions vacantes, lève sur les étrangers diverses redevances, négocie directement avec le duc d'Aquitaine ou le souverain. C'est ainsi qu'au cours du xiii° siècle, il envoie plusieurs fois des députés au roi d'Angleterre, en 1218, 1220, 1261, 1273 notamment. Vers la fin de 1370, les consuls font partir pour Londres un des leurs, Pierre Bouillon, avec mission de se plaindre à Edouard III de l'abandon où il laisse le pays et du peu de sécurité dont jouissent les habitants. Leurs réclamations étant restées sans effet, ils chargent quelques mois plus tard Jean Bayard, Jean Martin et Laurent Sarrasin de se rendre auprès de Charles V pour traiter avec lui de la reddition de leur ville à la France. Les bourgeois du Château avaient aussi des délégués auprès du chef de l'Église : la chronique de Bernard Itier mentionne, sous la date de 1210, la mort à Rome de Jean de Vayres, député par ses concitoyens à la Cour pontificale. On voit un demi-siècle plus tard, en 1274, la commune de Limoges constituer un procureur spécial auprès du Saint-Siège.

Presque aussi complète est, au xiii° siècle, l'indépendance de la commune de Saint-Léonard et presque aussi large la sphère d'action de ses magistrats. Des documents du temps nous les montrent constatant les crimes et les délits, faisant arrêter les coupables, procédant à l'instruction des affaires, employant au besoin la question pour découvrir la vérité, ayant leur prison comme ils ont leur gibet et leur pilori. Les crieurs de la Commune annoncent, au son de la trompette, que l'assise va s'ouvrir et invitent tous les citoyens à se rendre sur la place publique pour voir les consuls « faire justice ». L'audience se tient sous les ormeaux de la place commune, au-devant du vieux sanctuaire de Notre-Dame qu'a élevé le patron de la ville et qui garde les restes du pieux solitaire. Le peuple entoure les magistrats ; ceux-ci prononcent sans appel, même en matière criminelle. La sentence qu'ils ont rendue est exécutée sur-le-champ. S'il s'agit d'un larcin de peu d'importance, le coupable est promené par les rues de la ville, portant au cou ou sur les épaules l'objet volé. Des sergents du consulat l'entourent et le frappent de verges. Parfois il subit l'exposition au poteau du pilori, un jour de marché. Si le cas est plus grave, les consuls conduisent le condamné à la principale porte de la ville, et le livrent au bourreau, qui, suivant l'arrêt, lui coupe l'oreille ou le nez, le pied ou le poing. Le malheureux est ensuite banni à perpétuité. Les condamnations à mort reçoivent leur exécution hors des murailles : le cadavre du sup-

plicié demeure attaché au gibet pour servir de leçon et d'avertisse-
ment aux passants.

Les audiences civiles se tiennent à la maison commune, deux fois
par semaine, et les magistrats assurent au besoin, par la saisie et la
vente du mobilier ou des marchandises, le respect de leurs juge-
ments. Ils sont, comme les consuls de Limoges, juges du commerce
et de l'industrie et gardiens des coutumes des métiers, exercent la
juridiction des poids et mesures, possèdent la haute main sur la
voirie et les diverses branches de la police. Ils lèvent des tailles
sur les habitants, convoquent et commandent la milice, l'arment,
fournissent l'ost au roi, mettent sur pied la Commune et entrent en
campagne pour tirer raison du dommage ou de l'injure faits à un
bourgeois.

Tous ces droits sont contestés par l'évêque, seigneur temporel de
la ville. Le Parlement reconnaît et proclame, par deux arrêts de
1285 et 1286, que les consuls possèdent, à Saint-Léonard, la justice
criminelle, mais en partage avec le prélat : ils peuvent poursuivre,
arrêter, incarcérer les malfaiteurs, mais non les juger seuls. La
sentence doit être rendue par le prévôt épiscopal, les vigiers des
chevaliers du château de Noblat et les magistrats municipaux, conjointement.

Un état de choses analogue existe dans plusieurs villes, dont les
consuls ont pourtant une autorité plus circonscrite que celle des
magistrats de Saint-Léonard. Le prévôt seigneurial ne peut juger
un bourgeois sans appeler les chefs de la Commune soit pour
prendre part au jugement, soit pour assister l'accusé. Il en est
ainsi à Chénérailles, et dans plusieurs autres localités. A Rochechouart, la vérification des poids et mesures ne peut avoir lieu
qu'en présence des consuls. A Beaulieu, les bourgeois possèdent le
tiers de la justice haute, moyenne et basse, et un bailli commun,
nommé par eux et par le vicomte de Turenne, rend ses sentences
en leur nom comme au nom du seigneur.

Enfin la plupart de nos administrations municipales du moyen
âge possèdent au moins la voirie et la police et se trouvent, en ces
matières, investies d'une initiative plus large que celle de nos
communes modernes.

Je parlais tout à l'heure de prérogatives seigneuriales et je mon-
trais les consuls de Limoges en possession de droits féodaux consi-

dérés comme de l'essence même de la noblesse, pour ainsi dire. Des communes dont les libertés étaient plus limitées, n'en jouissaient pas moins, dans cet ordre d'idées, de précieux privilèges. La chasse et la pêche figuraient, tout le monde le sait, parmi ceux que la noblesse défendait avec le soin le plus jaloux. Or, dès 1300, une charte de la comtesse de la Marche reconnaît non seulement aux consuls, mais à tous les bourgeois de Felletin, le droit de pêche ; en 1321, un document établit que ceux d'Aubusson peuvent bâtir des colombiers et chasser dans la forêt, si bon leur semble ; il résulte enfin d'une déclaration de 1535 que les consuls, manants et habitants de Chénérailles ont le droit de chasser à cor et à cri dans toute l'étendue de leur franchise, et qu'ils possèdent cette prérogative de temps immémorial.

VIII

Le moyen âge finit. A la Renaissance, qui va bientôt étouffer l'essor du génie national en remettant en honneur les idées et les traditions de l'antiquité païenne, il lègue les libertés municipales entamées sur certains points, amoindries dans quelques villes, mais robustes, vivaces, enracinées dans les habitudes comme dans les cœurs. Malgré les désastres et les misères de la guerre de Cent ans, si bien décrits et caractérisés par M. Siméon Luce dans ses excellents ouvrages, les villes limousines, les principales tout au moins, ont conservé leurs institutions. Celles-ci ont même dû une reconnaissance et une consécration nouvelles à la politique des rois d'Angleterre, qui ont protégé les bourgeois contre leurs seigneurs ; le roi de France s'est vu obligé, pour assurer son pouvoir chancelant, de confirmer les libertés dont il a trouvé les villes en possession. Un siècle encore les communes réussiront à se maintenir en face du pouvoir central qui grandit et de la bureaucratie qui peu à peu affermit son influence et s'organise. Mais les franchises municipales sont un obstacle à la réalisation de cet idéal d'égalité dans l'impuissance et d'uniformité dans l'asservissement, dès longtemps rêvé par les impitoyables champions du droit romain : elles sont condamnées, elles périront. L'édit de Moulins supprimera les juridictions particulières. Les excès de la Ligue fourniront des

prétextes pour affaiblir l'autorité des magistrats municipaux. Les
émeutes provoquées par l'avidité du fisc, l'improbité et l'insolence
de ses agents, seront plus d'une fois, sous les règnes de Henri IV et
de Louis XIII, l'occasion du renversement d'institutions séculaires.
passées dans les mœurs, accommodées au tempérament local,
chères au peuple à plus d'un titre. Partout à l'organisation
ancienne on substituera un régime bâtard, conservant parfois les
formes traditionnelles, mais en les allégeant avec soin de toute autorité effective et surtout de toute parcelle de liberté. Le citoyen, à
qui une part à la conduite des affaires locales est refusée, arrivera
à s'en désintéresser complètement. L'esprit municipal, si vivace
jadis, s'éteindra ainsi peu à peu.

A Limoges, dès le règne de Louis XI, la royauté avait porté la
main sur les institutions municipales. A la suite de difficultés faites
par les bourgeois du Château pour payer à deux commissaires des
tailles une somme de douze cents écus d'or demandée à la ville, le
consulat fut en 1470 mis à la main du roi. Au mois de février 1476,
celui-ci, dans le simple but de gratifier le protégé d'un favori, sup-
primait d'un trait de plume les franchises reconnues par les rois
d'Angleterre et confirmées par ses prédécesseurs : il créait un office
de maire au profit d'un gentilhomme qui possédait un petit fief en
Limousin, mais dont la famille était étrangère à la province. Et
comme cet intrus se fût trouvé mal à l'aise dans le cadre des institutions traditionnelles, on bouleversa l'organisation municipale
pour que rien n'y rappelât les anciennes libertés ; au maire on
adjoignit un sous-maire et six échevins. Le droit du peuple de
choisir ses magistrats fut mis à néant : l'élection des échevins et
des membres du conseil de ville fut transférée à un petit nombre
d'électeurs du second degré dont toute précaution, semble-t-il,
n'avait pas été prise pour garantir le libre choix.

Voilà l'organisation tout artificielle que la royauté centralisatrice tenta de substituer aux institutions séculaires de la Commune
du Château. La population avait vu plus d'une fois, soit après une
défaite, soit dans une heure de violence ou de trouble, l'autorité
de ses consuls méconnue, ses franchises suspendues, ses coutumes
violées. Elle se refusait à croire que, par un simple acte de son bon
plaisir, le souverain eût pu abolir la vieille constitution d'une ville
magnifiquement louée par Charles VII de sa fidélité et de son
dévouement patriotique. Il fallut se rendre à l'évidence. L'ordre

royal fut mis à exécution. Il n'y eut pas de révolte ; mais une protestation énergique, unanime, monta au pied du trône. Mal
accueillis par Louis XI, les interprètes de cette revendication ne
se lassèrent point et obtinrent de son successeur, au mois de novembre 1483, le retrait des lettres de 1476. La bonne nouvelle
arriva à Limoges le 7 décembre suivant. Ce jour-là même une
assemblée de ville fut convoquée et la Commune reprit possession
d'elle-même. Les habitants élurent, comme autrefois, douze consuls pour administrer la ville, et jusqu'en 1760, c'est-à-dire pendant
près de trois siècles, le renouvellement du corps municipal resta
fixé au 7 décembre.

Vers la fin du quinzième siècle, on commence à voir s'introduire
dans le personnel des corps de ville des officiers de la justice royale
et des fonctionnaires fiscaux. Ils se substituent peu à peu aux marchands et aux bourgeois de situation indépendante. Au treizième
et au quatorzième siècles, ce sont des drapiers, des orfèvres, des
changeurs, des tanneurs, des hommes de loi, des notaires que les
électeurs investissent du consulat; au seizième, les agents du pouvoir central : procureurs du roi, receveurs des deniers royaux et
plus tard magistrats du présidial, de l'élection et trésoriers généraux font invasion dans les hôtels de ville ; aux dix-septième et
dix-huitième, le commerce est définitivement rejeté au dernier plan.
Un tiers seulement des magistrats qu'on nomme à cette époque lui
est demandé. Ce changement profond dans la composition des corps
de ville a sans nul doute contribué à l'affaiblissement de l'esprit
d'indépendance et à l'oubli des traditions municipales. En Limousin
comme ailleurs, on constate l'opposition, si bien caractérisée par
Augustin Thierry, entre le génie libre et original du moyen âge
d'une part, et les tendances autoritaires et centralisatrices de l'administration impériale, remises en honneur par les légistes, servies
par les corps judiciaires, le fisc, les agents et les clients de tout
ordre du pouvoir. La lutte est longue : elle se termine par la défaite
de la liberté. Les progrès de l'influence sociale des fonctionnaires
se comptent par les défaites de la cause communale; le triomphe
de cette influence coïncide exactement avec la ruine irrémédiable
des institutions qui ont contribué dans une si large mesure au
développement du commerce, des arts et à la prospérité de la
France.

Toutes celles des communes limousines, qui avaient possédé au
moyen âge l'exercice plus ou moins complet, plus ou moins exclu-
sif du droit de justice, en furent successivement dépouillées, soit
par les usurpations de l'autorité centrale ou des seigneurs, soit par
des arrêts des parlements, hostiles en général aux libertés municipales. Nous ne connaissons pas une seule ville, dans toute l'étendue
du diocèse de Limoges, qui eût encore son juge criminel ou son
juge civil, lorsque fut rendue l'ordonnance de Moulins. La plupart
des corps municipaux conservèrent une juridiction de police jusqu'en 1696 : elles en furent dépouillées à cette date par la royauté,
qui ne pouvait plus tolérer qu'une activité, même la plus modeste,
s'exerçât en dehors d'elle. En vain le Tiers État avait-il, aux Etats
généraux de 1588, demandé que la justice civile tout au moins fût
rendue aux corps municipaux ; en vain avait-il réclamé en 1611 le
maintien des communes dans la possession du droit de garder les
clés de leur ville, de s'imposer elles-mêmes, d'élire leurs magistrats
à l'abri de toute immixtion des officiers royaux. L'heure de la liberté
était passée. La monarchie française avait rompu avec ses meil-
leures traditions : elle devait, hélas ! en porter bientôt la peine.

Suivrons-nous, Messieurs, l'histoire de nos communes dans les
étapes successives de leur décadence ? Vous montrerai-je les assemblées d'électeurs se laissant imposer des candidats du choix des
personnages influents de la cour ; les magistrats des petites villes
ne conservant guère d'autres attributions que la collecte de l'impôt
et la tenue de certains registres, avec le soin de présider aux ré-
jouissances publiques, et le devoir d'aller saluer de loin en loin le
gouverneur ou les grands seigneurs de passage ; ceux des centres
plus importants comprimés de toutes parts dans leur action et réduits à s'occuper d'insignifiantes minuties : l'intendant, le lieutenant général au gouvernement, les trésoriers généraux ayant peu
à peu fait passer dans leurs mains toutes les affaires de quelque
conséquence ? Vous représenterai-je, par exemple, les « seigneurs
consuls » du Château de Limoges n'ayant plus le droit de remuer
un pavé dans leur ville, de faire nettoyer une fontaine ou de nommer un sergent de la milice bourgeoise ; ne pouvant prendre aucune
mesure, donner aucun ordre, effectuer aucune dépense sans l'ap-
probation du représentant de l'autorité centrale ; arrivant enfin à
perdre l'habitude de décider par eux-mêmes des moindres choses,
au point de ne savoir s'accorder sur le choix du prédicateur du ca-

rême, et de remettre le soin de trancher cette grave question à
« Monseigneur l'intendant »?...

IX

La Révolution ne devait ni relever les municipalités de cet abais-
sement ni faire renaître l'esprit de raisonnable indépendance au
sein des populations. Les sollicitudes administratives, qui s'étaient
un moment réveillées, furent bientôt étouffées par les préoccupa-
tions politiques. L'intolérance et la peur chassèrent de partout le
peu qui restait de liberté et dénaturèrent dans les esprits le juste
sens des choses. L'autorité municipale se vit à peu près annihilée.
Dans le plus grand nombre de localités, l'initiative, avec l'influence,
passa aux sociétés populaires. Menées presque partout par quelques
intrigants et quelques furieux, en relations quotidiennes avec le
club des Jacobins de Paris, elles apportèrent dans la gestion des
affaires administratives les lumières, l'indépendance, la modération
et le sang-froid dont elles donnèrent tant de preuves en matière
politique. On peut juger de la place que tenaient dans les délibérations de ces sociétés les intérêts des communes par l'état de na-
vrant désordre et d'abandon complet où tous les services municipaux se trouvaient à la fin de la période aiguë de la Révolution.

Quelques chiffres du relevé des recettes et dépenses de la Commune de Limoges pour l'année 1793, que j'ai déjà signalés ailleurs,
mais qui ne sauraient être trop recommandés à l'attention des
personnes sérieuses, témoignent avec une souveraine éloquence de
l'état de l'administration locale durant la période révolutionnaire.

En cette année 1793, les recettes de la caisse municipale s'éle-
vaient à 409 francs et les dépenses à 33,505. Le détail de ces dernières nous apprend que le prix des fournitures de toute espèce
faites aux bureaux et aux corps de garde était monté à 5,055 francs;
celui des impressions à 2,600 et qu'on avait consacré la somme to-
tale de 400 francs à l'entretien des places, pavés et fontaines : seule
dépense d'utilité publique que nous relevions, avec le loyer de
l'hôtel de ville, à cet instructif document.

De tels chiffres se passent de commentaires.

Je vous ai montré, Messieurs, les libertés municipales atteignant en Limousin, au moyen âge, un degré de développement que notre siècle ne songe pas à revendiquer et qu'il soupçonne à peine. Vous avez vu ces institutions combattues par l'influence hostile des légistes royaux, pères de la conception moderne de l'État, inspirateurs de la politique de centralisation à outrance. Je vous ai signalé, sans vous faire assister à ses phases successives, leur douloureuse décadence. Elle ne s'est pas arrêtée, et nous la voyons continuer sous nos yeux. Vous avez été comme moi témoins d'un récent épisode de cette guerre acharnée faite par l'État de plus en plus omnipotent, à la Commune de plus en plus annihilée. N'est-ce pas de notre temps qu'on a porté le dernier coup aux véritables traditions communales, aux traditions de la bonne politique, de la bonne justice et du bon sens, en faisant disparaître de la loi l'article si sage qui prescrivait, pour tout vote entraînant la création de ressources extraordinaires, l'adjonction des contribuables les plus imposés aux membres du Conseil municipal? C'était là un vestige précieux du concours des intéressés au gouvernement local, un reflet des anciennes assemblées de ville, et pas un esprit sérieux n'a pu approuver la suppression d'un frein devenu d'autant plus nécessaire que les aveugles entraînements du suffrage universel ont maintes fois remis l'administration d'une ville aux mains de personnes non seulement incapables de tous points de remplir ce mandat, mais étrangères à la localité, à ses usages, à ses intérêts même et, par suite, aux sollicitudes qui devraient régler la conduite et inspirer les décisions d'une municipalité. On peut dire aujourd'hui avec vérité que l'autonomie communale n'existe plus. La réunion au budget de l'État d'une notable partie des ressources locales, l'absorption par l'autorité centrale de plusieurs des attributions les plus importantes dévolues jadis au pouvoir municipal, à l'assemblée des citoyens, des chefs de famille, doivent être considérées comme un pas décisif vers l'établissement du socialisme d'État bâtard qui constitue à cette heure le rêve sinon le programme de beaucoup de politiciens français. Singulier spectacle que celui offert par notre pays à l'observation : un peuple se désintéressant de plus en plus des affaires publiques, paraissant avoir perdu, avec la pratique, l'intelligence même de la liberté; des citoyens acceptant sans protestation l'ingérence du pouvoir central dans leurs affaires du caractère le plus intime ; l'État tout-puissant, seul juge de questions qu'il ne saurait sainement apprécier, se surchargeant des attributions qu'il est le moins apte à remplir et, selon le mot si précis et si vrai de M. Renan, « transformant successivement tous les services sociaux en administrations publiques »...

Nous voilà loin, Messieurs, des traditons d'autonomie jalouse, des pratiques et des mœurs que j'évoquais tout à l'heure. L'observation du présent, vous le voyez, m'éloignerait du sujet que j'avais à traiter devant vous. Je m'arrête donc, en vous remerciant de l'attention que vous avez bien voulu prêter à cette étude bien longue et pourtant toute sommaire : heureux si j'ai pu fortifier dans vos esprits la conviction que la démocratie ne date ni d'hier ni de 1789, et que, suivant le mot d'un illustre historien, « la liberté est vieille en France » (1).

(1) Nous n'avons pas cru devoir surcharger de renvois et de citations les pages de cette étude toute sommaire. Il nous semble toutefois indispensable d'indiquer, à la fin de notre travail, à titre de justification, les sources principales où nous en avons puisé les éléments.

SOURCES MANUSCRITES

Archives municipales de Limoges : Cartulaire du consulat, XIIIe-XVe siècles (AA¹). — Registres des actes municipaux, dits Registres consulaires, 1508-1790 (BB¹ à BB⁴). Liasses diverses.

Archives de l'Hôpital général de Limoges ; Liasses et registres des établissements, confréries et aumônes unis à l'hôpital.

Archives du département de la Haute-Vienne : Fonds de l'évêché de Limoges (notamment Livre d'Hommages, registres Ô *Domina, Tuæ hodie, Ac singularem ;* fonds des chapitres, des abbayes de Saint-Martial et de Notre-Dame de La Règle, des prêtres communalistes de Saint-Pierre du Queyroix, des Cordeliers; notaires; fonds Bosvieux; résidus de fonds inconnus.

Bibliothèque des prêtres de Saint-Sulpice, au Grand séminaire de Limoges : Mélanges manuscrits de l'abbé Legros; Recueil d'inscriptions, du même ; Continuation des Annales du Limousin, par le même; Cérémonial de l'Eglise royale, collégiale et séculière de Saint-Martial.

Cabinets de MM. Astaix et Nivet-Fontaubert, à Limoges : pièces diverses.

Archives du département des Basses-Pyrénées : Registre du notaire du Consulat de Limoges, 1489-1499 (E 743); liasses diverses des séries B et E, notamment B 1819, E 738, 739, 740, 742, 1878, etc.

Archives nationales : J 271, 415, 480, 627; JJ 26, 102, 199; X 2 A 18, etc.

Bibliothèque nationale : Collections Moreau (copies de Bréquigny), Doat, Gaignières; armoires de Baluze: manuscrits latins 5,452, 9,193, 9,195, 11,019 ; 1,238 (nouvelles acquisitions); manuscrits français 18,757, 20,153, 25,219, etc.

SOURCES IMPRIMÉES

Recueils généraux : Ordonnances des rois de France. — Historiens de Gaule et de France. — Les Olim.

Shirley : *Royal and other historical Letters.*

Rymer : *Fœdera, conventiones et litteræ,* etc.

Rotuli chartarum in turri Londinensi asservati, etc. — Rotuli Litterarum patentium, etc. — Rotuli litterarum clausarum, etc.

Bulletin de la Société archéologique et historique du Limousin, à Limoges; de la Société scientifique, archéologique et historique de la Corrèze ; à Brive; de la

Société des lettres, sciences et arts, de Tulle ; de la Société des sciences naturelles et archéologiques de Guéret.

Récits de l'Histoire du Limousin, publiés par la Société arch. et hist. de Limoges. Limoges, Marc Barbou et Cie, 1885, in-8°.

Annales de Limoges, dites Manuscrit de 1638, publiées par Em. Ruben, F. Achard et P. Ducourtieux. Limoges, Vve Ducourtieux, 1872, in-8°.

A. Leymarie : *Histoire du Limousin; la Bourgeoisie.* Limoges, Ardillier fils, 1845. 2 vol. in-8°.

Bonaventure de Saint-Amable : *Histoire de saint Martial, apôtre des Gaules,* t. III, *Annales.* Limoges, Ant. Voisin, 1685, in-fol.

A. Leymarie : *Le Limousin historique.* Limoges, H. Arnoul, puis Langle, 1837-1839. 1 vol. et quelques fascicules in-8°.

Duval : *Chartes communales et franchises locales du département de la Creuse,* in-8°, 1877, extrait du Bulletin de la Société des sciences naturelles et historiques de la Creuse (la première partie seulement a paru).

A. Leroux, E. Molinier et A. Thomas : *Documents historiques sur la Marche et le Limousin,* Vve Ducourtieux, 1883-1885, 2 vol. in-8°.

Duplès Agier : *Chroniques de Saint-Martial de Limoges,* publiées par la Société de l'Histoire de France. Paris, Vve J. Renouard, 1874, in-8°.

L'abbé Arbellot : *Chronique de Maleu, suivie de documents historiques sur Saint-Junien.* Saint-Junien, Barret, et Paris, V. Didron, 1847, in-8°.

C. Pérathon : *Histoire d'Aubusson.* Limoges, Vve Ducourtieux, 1886, in-8°.

Roy Pierrefitte : *Histoire de la ville de Bellac.* Limoges, Chapoulaud, 1851, in-8°.

L'abbé Granet : *Histoire de Bellac.* Limoges, Vve Ducourtieux, 1890, in-18.

Histoire de Brive-la-Gaillarde et de ses environs, par quatre citoyens de Brive, Crauffon, 1810, in-8°.

H. Aubugeois de la Ville du Bost : *Histoire du Dorat,* Paris et Poitiers, Oudin, 1880, in-8°.

J. Dubois : *Documents relatifs à l'histoire d'Eymoutiers.* Limoges, 1889, in-8°.

P. Laforest : *Limoges au XVIIe siècle.* Limoges, Leblanc, 1862, in-8°.

J. H. Normand : *La Charte accordée aux habitants de Magnac-Laval.* Péronne, in-8°.

L'abbé Duléry : *Rochechouart : Histoire, légendes, archéologie.* Ducourtieux, 1855, in-8°.

Paul Huot : *Les Archives municipales de la ville d'Ussel.* Ussel, B. Faure, 1856, in-4°.

Louis Guibert : *Sceaux et armes de l'hôtel de ville de Limoges et des villes, églises, etc., des 3 départements limousins.* Limoges, Chapoulaud frères, 1878, in-8° (*Supplément* en 1885). — *Les Hôtels de ville de Limoges.* L. Vve Ducourtieux, 1882, in-18. — *Les Anciennes Corporations de métiers à Limoges* (Extrait de la *Réforme sociale*), 1883. — *Les Confréries de dévotion et de charité et les œuvres laïques de bienfaisance à Limoges avant le XVe siècle* (Extrait du Cabinet historique), 1883. — *Journal du consul Lafosse,* Limoges, Vve Ducourtieux, 1884, in-8°. — *Les Commentaires d'Etienne Guibert sur la coutume de Limoges.* Limoges, Société générale de papeterie, 1884, in-8°. — *La Famille limousine d'autrefois. d'après les testaments et la coutume.* Limoges, Ducourtieux et Leblanc, in-32, 1883. — *La Corporation limousine.* Limoges, Vve Ducourtieux, 1885 in-8°. — *La Commune de Saint-Léonard de Noblat au XIIIe siècle.* Limoges, Vve Ducourtieux, 1890, in-8°.

ECOLE DE LA PAIX SOCIALE

1re Section. Œuvres de Le Play, éditées à Tours par MM. A. MAME et fils

Les Ouvriers européens. 6 vol. in-8° (vendus séparément)...............	39 fr.
La Réforme sociale en France. 3 vol. in-18...........................	6 fr.
L'organisation du travail. 5e édition. 1 vol. in-18..................	2 fr.
L'organisation de la famille. 1 vol. in-18..........................	2 fr.
La Paix sociale après les désastres de 1871. 1 brochure in-18..........	0 fr. 60
La Correspondance sociale. 9 brochures in-18.........................	2 fr.
La Constitution de l'Angleterre. 2 vol. in-18........................	4 fr.
La Réforme en Europe et le salut en France. 1 vol. in-18.............	1 fr. 50
La Constitution essentielle de l'humanité. 1 vol. in-18...............	2 fr.
La Question sociale au XIXe siècle. 1 brochure in-18.................	0 fr. 30
L'Ecole de la paix sociale. 1 brochure in-18........................	0 fr. 20

IIe Section. Publications de la Société d'Économie sociale

Les Ouvriers des deux mondes. 1re série, 5 vol. in-8°...............	65 fr.
2e série ; ch. tome 15 fr. ; t. III, en cours ; chaque monographie.	2 fr.
Instruction sur la méthode des monographies. Nouv. édit. 1 vol. in-8°....	2 fr.
Bulletin des séances de la Société d'Economie sociale. 1re série 9 vol. in-8°,	68 fr.
La Réforme sociale, 1re série (1881-1885), 10 vol. in-8°..............	70 fr.
2e série (1886-1890), ch. vol. 5 fr. — 3e série, chaq. vol......	6 fr. 50
Annuaires des Unions et de l'Economie sociale, 5 vol.................	15 fr.
Exp. de 1867. Rapport sur les ateliers qui conservent la paix sociale. in-8°.	1 fr.
La Réforme sociale et le centenaire de la Révolution. Travaux du Congrès de 1889, avec une lettre préface de M. Taine, et une introduction sur les principes de 1789, l'ancien régime et la Révolution. In-8° (*en petit nombre*)..	10 fr.
Les Unions de la paix sociale, leur programme d'action et leur méthode d'enquête, par A. Delaire, secrétaire général des Unions. 4e édit. br. in-32...	0 fr. 15

BIBLIOTHÈQUE ANNEXÉE

F. Le Play. Choix de ses œuvres avec une biographie par M. Aubertin et un portrait, 1 vol. in-16, cart. LXXIV - 251 pages................................. 1 fr. 75

E. Cheysson et E. Toqué. Les budgets comparés des cent monographies de familles publiées dans *les Ouvriers européens* et *les Ouvriers des deux mondes*, in-4°,.. 5 fr

Jules Michel. Leçons élémentaires d'économie politique et sociale, 1 vol. in-12. 1 fr. 50

Ch. de Ribbe. Les Familles et la Société en France avant la Révolution, d'après des documents originaux : 4e édition, 2 vol. in-12. 4 fr. — La Vie domestique, ses modèles et ses règles. 2 vol. in-12. 6 fr. — Une famille au XVIe siècle. 1 vol. in-12. 2fr. — Le Livre de Famille. 1 vol. in-12. 2 fr. — Le Play d'après sa correspondance. 1 vol. in-18. Pour les membres, 1 fr. 60 ; pour le public.................. 3 fr. 50

Claudio Jannet. Les Etats-Unis contemporains, avec une lettre de M. F. Le Play : 4e édit., 2 vol. in-12. 8 fr. — Le Code civil et les réformes indispensables à la liberté des familles. 1 br. in-18. 0 fr. 30. — Le socialisme d'Etat et la réforme sociale, 2e édit. 1 vol. in-8°... 7 fr. 50

Comte de Butenval. Les lois de succession appréciées dans leurs effets économiques par les Chambres de commerce de France. 4e édit. 1 vol. in-18.......... 0 fr. 60

Ferrand. Les Institutions administratives en France et à l'étranger. 1 vol. 6 fr. — Les Pays libres (ouvrage couronné par l'Institut). 1 vol. in-10............. 3 fr. 50

Léon Lefébure. Le Devoir social. 1 vol. in-12......................... 3 fr.

A. de Moreau. Le Testament selon la pratique des familles stables. in-18 3 fr

G. Picot, de l'Institut. Un Devoir social et les logements ouvriers. 1 vol. in-18. 1 fr.

A. Méplain. Dialogue sur le métayage. 2e éd. 1 vol. in-12............. 2 fr.

A. Gibon. Les Accidents du travail et l'industrie, in-4°............. 3 fr.

Comte de Bousies. Les lois successorales dans la société contemporaine. 1 vol. in-8°.. 2 50

P. du Maroussem. La Question ouvrière : 1, les Charpentiers de Paris, avec une préface de M. Funck-Brentano, in-8,.. 6

www.ingramcontent.com/pod-product-compliance
Lightning Source LLC
LaVergne TN
LVHW022039080426
835513LV00009B/1133